「ひとり」の哲学

山折哲雄

新潮選書

目次

序　章　「孤独」と「ひとり」のちがい　7
「ひとり」の哲学　ひとりでいることは悪いのか　親鸞と諭吉
日本における「軸の思想」　末世、没落、破局

第一章　親鸞の「ひとり」　25
福井、金沢、富山　「無」好きの「悪」嫌い　海、海、海
家族とひとり旅　同時代人だった鴨長明　長明、良寛、芭蕉　ひとり旅の源流
非僧非俗という「ひとり」の形　知らなかった「良寛の悲劇」
中世と近代のはざまに立つ良寛　五合庵の意味　良寛の内の親鸞と道元

第二章　道元の「ひとり」　71
深山幽谷でおのれを養え　無の哲学の創始者　自己を無に近づける
無の絶対空間　失意の道元　道元の鎌倉下向　道元の肉声　山、山、山
ひさ方ぶりの永平寺　作法そのものが仏法　禅と個人主義と「ひとり」
空無の哲学　美と信仰の伝統　非人情の風

第三章　日蓮の「ひとり」　*131*
黒潮が運んできたもの　南無妙法蓮華経
「ひとり」宣言の結晶　日蓮の眼球に映ったもの
異端の運命　念仏批判と親鸞無視
日蓮の世界認識

第四章　法然と一遍の「ひとり」　*165*
「ひとり」と個　鎌倉時代は宗教改革　葬式仏教
たったひとりの捨聖　空也上人
いっしょにいても「ひとり」　死するも独りなり

終　章　「ひとり」の哲学　*199*
それぞれの「ひとり」「こころ」と「心」
漱石と啄木　戦後の平等主義　天変地異と「ひとり」
「想定外」の意味　「死生観」の背景　二冊のベストセラー
「個」と「ひとり」

あとがきに代えて　*234*

「ひとり」の哲学

序章　「孤独」と「ひとり」のちがい

「ひとり」の哲学

このごろになって、私の日常もようやく「ひとり暮らし」といってもいいような季節に入った。情けないことだがそんな状況になってはじめて、若いころの「貧乏暮らし」がなつかしく思いだされる。あれから、ずい分と時間が経っている。皮肉なことにひとり暮らしの身分になって、そのころの貧乏暮らしがしきりに思いだされるのだ。

その貧乏暮らしの時節とこのごろのひとり暮らしのあいだには、「景気暮らし」といってもいいような時代が、結構長いあいだつづいていた。神武以来の経済繁栄という人もいた。もっとも、オイル・ショックとかリーマン・ショックとかの大波小波に脅やかされることがあった。けれども、それも何とかしのいで景気暮らしの余韻を楽しんできた。それがいつのまにか当り前のことになっていたのである。

ところがその間に、気がついてみると、ひとりで生きるという意識が、われわれのあいだからしだいに消え失せていったようだ。ひとりで事を処する、という心構えのようなものが希薄になっていた。「ひとり」で生きる暮らしの劣化、といってもいい。口はばったいいい方にはなるけれども、「ひとり」の哲学があとかたもなく雲散霧消していたのだ。

ひとり暮らしの淵に立たされるようになって、はじめてそのひとり暮らしの足元が底無しの危機にさらされていることに気がついた。ひとりで存在するエネルギーが、みるも無残に何者かによってどこかに吸いとられてしまっている。

ひとりで立つことからはじめるほかはない。そして、ひとりで歩く、ひとりで坐る、ひとりで考える。ひとりの哲学を発動させなければなるまい、そうも思う。からだの関節と筋肉をもみほぐす。そこに新しい血流を通す。

対象をとらえ、握りしめ、つかみ直し、もみほぐす。物ごとを整理するのではない。分類するのではない。分析したり、意味づけしたりするのでもない。ただ、息を凝らし、腰を沈めて対象をとらえ、握りしめ、つかみ直し、もみほぐすことをくり返す。

そのことを通して「ひとり」の世界が立ち上る。「ひとり」で覚悟する地平が拓けてくるだろう。

ひとりでいることは悪いのか

ところが世間では、このひとり暮らしの「ひとり」をことさらに貶める風潮が増えてきている。いつのまにかその「ひとり」を孤立とか孤独の親戚であるかのように扱う言動が目立つようになった。「孤立死」とか「孤独死」といった言葉をもち出して、ことさらに社会の暗部を読み解こうとばかりする。

一方で、それがいつごろから流行りだしたのか気がつかなかったが、一見、ハイカラなように映る気取ったキャッチフレーズが何かにつけ説かれるようになった。

その最たる例が、さしあたり自助、共助、公助といった言葉遣いではないだろうか。自助―みずからを助ける、共助―ともに助け合う、公助―公けが助ける、ということなのだろう。そこには、ひとり立つ、ひとり歩く気配が微塵も感じられない。ひとり坐る、ひとり考えるの心構えが消え失せている。かろうじて自助といっているではないか、と反論されそうであるが、それならばなぜ自立といわないのか。「自助」などという生煮えの言葉のかわりに「自立」という立派な自前の言葉があるではないか。

要するに、助けてくれ、助けてくれ、助けてくれ、と叫んでいるだけである。一一〇番通報のかわりに考案されたハイカラな言葉遣いであることが、一目瞭然である。ガラス細工のような言葉遊びにすぎないから、われわれの五臓六腑にはほとんどひびかない。ハイカラな言葉の破片が砕け散ったあとには、助けてくれ、助けてくれ、助けてくれ、の他人まかせの悲鳴だけがきこえてくる。

ひとりでいること、ひとりであること、ひとりで生きることとは無縁な、腹の足しにはなりそうもない、流行り廃りの掛け声であると思わないわけにはいかない。

さきにふれた孤立死、孤独死などのいい方も、まさにこの自助、共助、公助の同類語なのであろう。

もちろんわれわれの周辺には少子高齢社会の深刻化により、介護や医療の必要な人びとが増えている。現実は厳しい。社会的な手当てがこれまで以上に必要なことはいうまでもない。認知症の広がりも無視できない。その上、東日本大震災以降、震災関連死の難問も浮上している。事態はたしかに猶予がならない。

だがそれにしても今日、「ひとり」であることがあまりにも悪者にされてはいないか。なぜならその孤立死、孤独死などの、マスコミから発せられる声高なステロタイプの合唱からは、ひとりで死んでいく人間の内面を侮辱する声、冒瀆する言葉しかきこえてこないからだ。ひとり死に往く者の姿から、ただ助けてくれ、の絶望的な悲鳴しかききとろうとしない、貧しい想像力だけがこだましているからだ。

さて、われわれが世紀の境をこえるころから、そこここでささやかれていたことがある。

ますます深刻化する少子高齢社会

人口減少時代の到来

その大波の襲来を食いとめることが、はたしてできるのか。経済の衰退がはじまる。国の弱体化が加速していく。地方の自治体がつぎつぎに崩壊していくだろう。共同体の背骨が緩み、その関節ががたがたになる。風土が荒廃し、ふるさとが喪《うし》なわれる。

そんな声、声がささやかれるようになった。そんな嘆きの声に重なるような形で、さきほどの自助、共助、公助の掛け声などもつくりだされたのかもしれない。けれどもそのような状況のなかで、いや、待てよ、いよいよひとりで立つ、ひとりで歩く時代がやってきたのだ、とは誰もいわない、誰も考えようとはしない。ひとりで坐り、ひとりで考える、そういう時代が足元までやってきているのだとはいわない。

人口減少時代がやってくれば、ひとりで生きる。ひとりで生きるほかない領域が、空間的にも時間的にも自然に広がってきているはずなのに、そのことを誰も感じていないようだ。感じないふりをしているだけなのだろうか。ひとりで生きる挑戦のときがやってきている、とはいぜんとして誰の念頭にも浮かばないようだ。

「ひとり」の哲学をいう人間が、どこからも出てこない。時代がそれを必要としているというのに、である。

それでは、その「ひとり」の原像をわれわれはいったいどこに求めたらよいのだろうか。今日の社会ではほとんど負の価値しか与えられていない「ひとり暮らし」の本来の原像、といってもいい。それをいったいどこに求めたらよいのか。

親鸞と諭吉

「ひとり」という大和ことばはすでに『万葉集』や『源氏物語』以来、千年の歴史をもっている。その中で時代を転換させるほどの画期的な「ひとり」の意味を発見したのは、これからのべるように親鸞であると私は考えてきた。「ひとり」という日本語を自己表現のキーワードにした人間はたくさん存在した。けれどもその意味を百八十度転回させた第一人者といえば、それは中世十三世紀の親鸞をおいて外にはいないだろう。そのことを念頭におくとき、さしあたり、この日本の風土に実在した二つの歴史的モデルが思い浮かぶ。

第一のモデルが、今いった十三世紀の親鸞のいう「ひとり」だ。『歎異抄』のなかにそれが出てくる。親鸞の実践体験である。

第二のモデルが、十九世紀の福沢諭吉のいう「ひとり」だ。『学問のすゝめ』のなかに、それが姿を変えて出現する。福沢諭吉の実践体験である。

親鸞は十三世紀の人間、これにたいして福沢諭吉は十九世紀をいっぱいに生きた。二人のあいだには六百年の時間が流れているが、その二人のあいだを時代区分のものさしで分割する必要はない。時代区分などという余計なものが、しばしばものごとの真実を覆い隠す。歴史の核心についてのわれわれの判断を狂わせるからだ。

ゆるやかに流れる歴史の姿を、遠いまなざしで眺めるゆとりが欲しい。人間のこころの推移は、狭い河を走る激流のようなものとは違う。あえていえば、親鸞も諭吉も、ひとり立ちの暮らしをしたのではない、それを深い体験の地平から味わったのだ。

親鸞の「ひとり」は、こんな風にその姿をあらわす。

「弥陀の五劫思惟の願をよくよく案ずれば、ひとへに親鸞一人がためなりけり」

これにたいして福沢諭吉の場合は、こうなる。

「一身独立して、一国独立す」

まず、第一モデルでみておこう。親鸞のいう「弥陀」は阿弥陀如来のこと。浄土信仰における救済仏を指すが、人間すべてを平等に救う一神教的な絶対者と思えばよい。この絶対者による救済の力は、もちろんすべての人類のうえに注がれている。

しかしよくよく考えてみれば、それは究極のところ親鸞ひとりのため、つまり自分ひとりのためではないか、そのために立てられたお誓いではないのか、いや、それに違いないと自分は思う、といっている。ここで親鸞が、まさに間髪を容れずにそういっているのか、それとも口ごもりながらつぶやくようにいっているのか、微妙なところだ。みずから危ういことをいっている、という意識に責められていたかもしれない。

阿弥陀如来は、たしかに万人救済の誓いをお立てになった。けれどもそれを他人ごととして受けとるのではない、自分のこととして考え直すとき、その誓いがはじめて自分ひとりのために向けられたものだとわかった、――親鸞はそういっている。

万人とひとりが、ここで対比され対置されている。ふつうに考えれば、自分というひとりは、万人のなかのひとりである。いわば、そのひとりは万人のなかにまぎれこんでいる。しかしそのひとりの自分が、ふと絶対の救済仏に向き合ったとき、阿弥陀如来のまなざしが自分ひとりにだけ向けられていることに気づく。気づいて戦慄する。

自分ひとりが万人のなかから屹立している姿が、そこに忽然とあらわれる。万人の海のなかから、自分ひとりが垂直に首を天にのばしている。独りたたずむ親鸞が、そこに浮かびあがる。


さてそれでは、第二モデルの諭吉のいう「一身」はどんな精神の衣裳をまとっているのだろうか。そもそも学問を志すものは、何よりも気力をたしかにもって「一身」の独立をはかれ、とかれはいっている。その足場をかためれば、おのずから「一国」の富強を実現することができる。どうして西洋人の力をおそれたり借りたりすることがあろう。

「一身」とはもちろん「ひとり」のことだ。そのひとりが独り立ちするとき「一国」の富強を実現することができる。「独立」といえば、われわれはすぐにも英語のインディペンデンスを思いおこす。福沢もこのインディペンデンスの翻訳のつもりでこの言葉を用いて訳語として採用したのだろう。それはそうであるけれども、この「独立」は大和ことばの慣用では「独り立ち」と訓《よ》む。ひとりで立つ、ということだ。このような理解は福沢諭吉とその同時代人にとっては自明のことだったと思う。そのことを忘れていたのは、われわれの方だ。

もう一つ大切なことは、福沢諭吉の『学問のすゝめ』の文脈では、かれのいう「一身」すなわち「ひとり」は「国家」と対比されていたということだ。だが親鸞の場合は、さきにもふれたように「親鸞一人」の「ひとり」は「万人」と対比されていた。

その対称性は、このようにいいかえることができるかもしれない。親鸞のいう「ひとり」は個々の人間の魂に向けられていたのにたいして、福沢諭吉の「ひとり」(一身)は国家の自立と独立をめざすものだった、と。

日本における「軸の思想」

これまで私は、さきにあげた第一モデルの「ひとり」を、もっぱら十三世紀の親鸞によって代表させてきた。だがもちろんこの時期にはかれと並び立つ形で、法然、道元、日蓮などが登場している。そしてかれらもまた、その生涯においてひとりで立つ気概をみせ、ひたすらひとりの命に向き合い、その魂の救済のために献身し、語りつづける人生を送っていた。念仏の道を説く「親鸞一人」の自覚は、ひたすらな坐禅を説く「道元一人」、わき目もふらずに題目(南無妙法蓮華経)を唱えつづける「日蓮一人」の生き方と共振していたことを忘れてはいけない。

それがほぼ六百年の時をへだてて福沢諭吉のいう「独立自尊」の気概をつむぎだしたといって

いいだろう。独り立ちの自覚を欠いて、西洋文明に対抗する国家の形成は不可能であるという認識である。「独立の気力なき者は、国を思うこと深切ならず」ともかれはいっている。明治の国家はこの福沢諭吉の説く文明開化と独立の路線を選択して、それを軸足にして新しい近代への第一歩を踏みだすことができたのだ。

そのような展望に立つとき、今日のわれわれはいったいどのような軸足をどこに求めたらいいのか。第一モデルの「ひとり」、第二モデルの「ひとり」に代るべき第三モデルはいずこ、という問題である。

かつてカール・ヤスパースというドイツの哲学者がいた(一八八三～一九六九年)。彼は、紀元前八〇〇年から前二〇〇年の間に、人類の最大の精神変革があったと自説を展開した。そしてそれを「基軸時代」と名づけたのである。

世界の「軸の思想」がその時代に生まれたのであれば、日本の基軸時代——すなわち、日本哲学の礎と呼べるものはいつ形成されたのだろうか。私はそれをいつごろからか、鎌倉時代であると考えるようになったのである。

まず、そのヤスパースの議論からながめてみよう。第二次世界大戦が終った直後のことだ。いや、ヤスパースはこの言葉のもつ意味を、すでに戦争中から考えつづけていたようだ。戦後における人間の運命、そして世界の新しい秩序を構想するうえで、それが欠かせないテーマであると確信していたと考えられるからである。

その主張の要点だけを、かいつまんでおこう。

テキストは、理想社から刊行された『ヤスパース選集』の第九巻『歴史の起源と目標』(Vom Ursprung und Ziel der Geschichte, by Karl Jaspers. 1949)、翻訳者は重田英世氏で一九六四年の刊行。以下の論はこのテキストに拠る。

全体の見取図が、序言に登場する。

われわれが目にしうる歴史は、たかだか五千年にすぎない。その前には、その幾十百倍もする長い先史が横たわっている。またわれわれの前方にははかりしれない未来の時間がのびている。その両者の中間にはさまれたのがわれわれの歴史であり、その中核となるのが「基軸時代」(Achsenzeit)である。この時代こそが、人類の歴史に精神的覚醒をうながしたのである、と。

本論に入って、著者は具体的な事例をとりあげていく。

まず紀元前五〇〇年前後に注目せよ、という。くわしくいえば、紀元前八〇〇年から前二〇〇年のあいだにつぎつぎに発生した精神変革を見よ、と説く。そこにもっとも深い歴史の「切れ目」がある。「基軸時代」と名づける切れ目だ。亀裂といってもいい。断層といってもいい。このとき、今日のわれわれがいい慣わしている真の「人間」が誕生したのだ、とまでいっている。

中国では孔子や老子が生まれた。それを機に墨子、荘子、列子などの中国哲学が登場する。

インドではウパニシャッド哲学がおこり、ブッダが世にあらわれ、懐疑論、唯物論、詭弁術や虚無主義の発生へとつづく。

イランではゾロアスター教がおこり、善と悪の闘争という挑戦的な世界像を説いた。

パレスチナでは、エリアからイザヤ、エレミアをへて、第二イザヤに至る預言者たちの系譜が出現した。

ギリシアでは、ホメロスやパルメニデス、ヘラクレイトス、プラトンなどの哲学者たち、トゥキュディデスやアルキメデスなどがあらわれた。

これら中国、インド、西洋世界に出現したそれぞれの人物たちはたがいに知り合うことはなかったが、ほぼ同時代的な脈動のなかでこの地上に登場したのである。

かれらが共通して経験したこと、そして探求しようとしたことは、何だったのか。それに答えて、ヤスパースはこういっている。

一、人間自身の全体像と、その限界を意識した。

二、世界の恐ろしさと自己の無力を経験した。

三、眼前の深淵に直面して、そこからの解放と救済への希求に駆られた。

四、自己の限界を自覚的に把握するとともに、人間の最高目標すなわち超越的な無制約性を経験した。

ヤスパースのいう、この論文のタイトル「歴史の起源と目標」が、ここからきていることがわかる。つまり歴史における人間の限界と超越、というテーマであることが明らかになる。それにもとづいて、「真の人間」の可能性を追究しようとしたのだ、とかれはいっている。

ここで、あえて手の内をさらけ出せば、そのヤスパースの語る「真の人間」の可能性こそ、この日本列島の歴史に登場する「ひとり」の問題を考えるときの有力な手がかりになるだろう、と私は考える。あえていえばそれが、十三世紀の軸の思想家、親鸞における「ひとり」の地平へと、私を誘ったのだ。

その手の内をもうすこしひろげていこう。

ヤスパースは戦後になってなぜ、「基軸時代」という構想を抱えこむようになったのか。

末世、没落、破局

まず第一に、それは、「基軸時代」が亀裂の時代だったことにかかわる。その時代は、古い古代帝国が滅び、新しい帝国がいまだに姿をみせない、谷間の混沌の世紀だった。「末世」の意識が深まり、「没落」と「破局」の現実が人間精神の覚醒をうながしていた。その危機意識が第二次世界大戦後における世界の限界状況を浮かびあがらせていた。人類ははたしてその眼前にひろがる危機を「突破」し「克服」することができるのか。

その「危機意識」が問題の発端だった。そしていつごろからか、ある問いが、私の行く手に立ちはだかるようになった。

ヤスパースのいう「基軸時代」を、もしもその人類史的展望の枠組の中からわが日本列島の歴史のうえに移しかえた場合、それはどの時代に相当するのか。

答えは、十三世紀の「鎌倉」時代をおいてほかには見出しがたいだろう。

その理由は、このあと順を追って詳しくのべるが、かいつまんでいっておけば、十三世紀の親鸞を筆頭に、道元、日蓮とつづく「ひとり」の哲学の系譜が独自の光を放っているからである。そしてその前後の時期に登場する法然と一遍の存在の重要性に着目しないわけにはいかなかったからだ。それが私の直観的な結論だった。それ以前のどの時代にも、軸の時代に値する場所をみつけることはできない。それ以後のどの世紀にも、それに匹敵する時代を発見することなどとうていできない。もちろんそのことは、たんに私が主張するのではない。「十三世紀」そのものが、圧倒的な存在感でそのことを主張し、そこに屹立しているからだ。

この世紀は、何よりもそれにさきだつ平安時代の長い王朝貴族政権が崩壊したあと、混沌の動乱の中で誕生する武家政権の時代だった。

「ひとり」の哲学のルーツともいえる、十三世紀の五人は、どのように生き、それぞれの「ひとりの哲学」をどのように語り、死んでいったのか。

やはり、旅に出るほかはない。

そのためには、ウォーミングアップが必要となる。「ひとり」で立つ、ひとりで歩く、ひとりで坐る、ひとりで考える、である。

モデルがないわけではない。親鸞の「ひとり」である。その「ひとり暮らし」である。十三世紀の声がかかれば、まずその世紀を代表して親鸞に登場してもらうほかはない。

旅に出れば、これまでほとんど身につくことのなかった知識の断片が、ひらひらと宙を舞い、飛び去っていくのがみえる。インドの乾燥地帯に身をおいたとき、この両手でつかんだと思いこんでいた空《くう》とか、無我とかがたちまち砕け散っていった。中国の大地に足を運んだとき、黄塵のなかに透けてみえた気になっていた虚無とか混沌などがすでに幻と化していた。この日本列島の旅においても、無常や無明の言葉の破片が風にのってきこえていただけで、無知、無相の言葉が浮んでは消えていた。

インドの旅では、あの乾き切った大地のうえを、ブッダがひとり歩いていく姿が蘇った。イスラエルの砂漠では、孤影悄然と歩いていくイエスのやせ細った背中だけがみえた。中国北部の荒涼たる風景に身をさらしたときは、飲まず食わずでさ迷い歩いていく孔子の面影が眼前に迫ったことを思いおこす。

そばに弟子たちがつきしたがっていたかもしれない。しかしどんな弟子たちがそばにつきしたがっていようと、かれらはひとりで歩いていた。ひとりで考えつづけていた。

孔子のそばには子路や顔回がいたかもしれない。イエスのかたわらにはペテロやヨハネがいたであろう。そしてブッダのうしろには、舎利弗《しゃりほつ》や阿難などの弟子がひかえていた。しかしそれにもかかわらず、孔子やイエスやブッダは、ひとりで歩き、ひとりで考えていたはずだ。そしてその師と弟子の関係に、ソクラテスとプラトンを加えてもいい。ひとりで歩き、ひとりで考えつづける師の姿に変化のあろうはずがない。

それらの映像が、ヤスパースの文章の底からいつのまにか立ちのぼってくるはるかなる光景である。かれのいう「基軸時代」に生きる哲人たちの原風景である。私にとっては、かつてこの日本列島に生き呼吸していたにちがいない、「ひとり」に徹した思想家たちの原風景である。

第一章　親鸞の「ひとり」

福井、金沢、富山

編集者の今泉正俊さんが、早朝、車を駆ってわが家にやってきた。京都の駅前で車を調達してきたのだという。まだ、きつい残暑のつづく九月二十二日。お彼岸の中日の前日である。親鸞の歩いたところを、いちど自分の足で辿ってみたい、そんな私の思いつきに同行を買ってでてくれたのだった。

私は二年前、たまたまごく親しい友人たちと比叡山にのぼったが、山頂にやっとたどりついたものの、精も根もつきはてる思いだった。

親鸞はその比叡山で二十年ほど修行し、やがて下山して法然の門に入っている。

だが承元元年（一二〇七）、念仏への弾圧にあい、師とともに流罪、都から追放された。配流の地が越後の国府《こくふ》、そこで国司の監視のもとに五年の歳月を過ごしている。現在の上越市のあたりだ。

今泉さんは私より二十歳ほど若い。そのうえ運転が滅法うまい。乗っているうちに、いつのまにか眠気がさしてくる。それにつれて、妄想がうごめきだす。

予感が、あるにはあった。現地に近づけば近づくほど、歴史の塵に埋もれた廃墟があらわれてくるだろう。伝承の束のなかからつむぎだされた物語を、真偽とりまぜてきかされることになるだろう。

それはそれでいい。塵に埋もれた廃墟に身をさらせば、親鸞のこころをとらえて離さなかった風景が顔をのぞかせるかもしれない。原風景といったものだ。その形や表情をつかむことができれば、それでいい。親鸞とわれわれのあいだに横たわっている広大な時間と空間を、それは一挙にとりはらってくれるかもしれない。

都市から廃墟への旅が、それを可能にするだろう。妄想に疲れて眠りこける。ふと、眼を覚ますと、幻の原風景が突如、浮かびあがってくる。なつかしい歴史のひとこまが、深い霧のなかから姿をあらわすことだってあるだろう。

九時過ぎに、京都の駅前を出発。トヨタの新型ハイブリッド車で、スピードをあげる。東西両本願寺の大伽藍が、あっというまに背後に去っていく。一号線を東に向かい、三十分ほどで大津に着いた。親鸞もおそらく、その道筋に沿うように歩いていったにちがいない。

眼前に琵琶湖の南岸があらわれ、そこを回りこんで打出浜《うちでのはま》に出た。びわ湖ホールや琵琶湖ホテルが建ち並び、官庁街が目と鼻のさきに密集している。

打出浜には瀟洒なレストランが並び、「打出の森」と名を変えてリゾート地のムードを漂わせていた。湖面をこえて西のかなたに目をやると、比叡から比良につづくなだらかな山脈が、遠くに浮かぶようにみえる。

空はすっかり晴れあがって、陽が照りつけてきた。残暑の熱気が、じわっと肌にふれてくる。親鸞はその打出浜から舟に乗せられ、湖岸沿いに北上し、現・高島市の今津で上陸したようだ。まだ、海は見ていない。が、琵琶湖は、修行時代に毎日のように山の上から見おろしていた。思想の流人の身になってはじめて、湖と海のあいだにひろがる大きな落差に気づくことになる。思想の芯が、そのとき激しくゆさぶられることになるだろう。

車は、舟のルートに並行するように国道一六一号を北上している。一時間とすこしで、今津に着く。岸辺には、枝ぶりのいい、太い松がいく本か植えられていて、そこも白砂青松の絵葉書のような舞台が再現されている。「琵琶湖周航の歌」で知られる「今日は今津か長浜か」の今津の浜だった。

今津で陸にあがった親鸞は、そのまま北陸道に分け入っていく。われわれの車はさらに加速をし、あっというまに日本海側の敦賀に出た。碧い海があらわれ、深緑の高い壁がみるみる眼前に迫ってくるようだった。そのとき親鸞は、何を思ったか。想像の翼がひろがる。

車はそのまま福井へ、そして金沢、富山へと一直線にスピードをあげていった。

金沢を通りすぎるあたりからだったろうか。薄れていく視野のなかに、小さな一条の光が射してくるようだった。幻のような、夢のような二人の人物の影がそこに浮かびあがってきた。眠気が、その映像を呼びだそうとしていたのかもしれない。

西田幾多郎《きたろう》と鈴木大拙《だいせつ》のうしろ姿だった。

金沢には、西田幾多郎と鈴木大拙をそれぞれ顕彰する記念館が建っている。西田幾多郎記念哲学館が郊外の小高い丘の上に、鈴木大拙館は市内中心部の森の蔭にひっそり鎮まっている。

車に揺られているうちに眠気がさし、瞼の裏にその二つの記念館の影像が、点のように浮んでいる。光がしぼられていき、その奥に二人の姿があらわれ、肉声までがきこえてきた。

車中では音楽が流れている。「アイーダ」か、「フィガロの結婚」か、アリアの高い、澄明な声だ。そのリズムにのせられるように、親鸞が西田幾多郎と鈴木大拙のふるさとを、非僧非俗の姿で歩いている。愚禿《ぐとく》しんらん、愚かな毛坊主しんらん、とつぶやきながら、ひとり旅をつづけていく。

西田幾多郎といえば、まずは『善の研究』だ。西田と「善」の名辞は、切り離せない。かれの人生のすべての出発点だったと思う。その哲学が「善」の主題からスタートしたとすれば、それはやがて「悪」の主題をつかみとるはずだった。そうならなければならない土台を、かれは築きかためたはずだった。

だが不思議なことにというか、残念なことに、それがそうはならなかった。なぜだったのか。かれの思索が、「悪」の問題を素通りして、そのまままっしぐらに「無」の探求へと向かっていったからだった。そこから逸れていったといってもいい。やがて「絶対無」の旋律が鳴りはじめる。それが思考の絶対の焦点になっていく。無の哲学へと凝集しはじめる。

肩透かしを食らったような気分だった。なぜ、「悪」を回避するのか。善をすくいあげ、同じその手で悪を封印するとは、ああ、何たること、それはほとんど親鸞にたいする裏切りではないか。親鸞の思想に泥を塗りつける行為に近いではないか、「歎異」の息がもれてくる。愚痴の声も、でる。

「無」好きの「悪」嫌い

日本列島の思想の流れのなかで、悪の問題を正面からとりあげ、その根本を掘りつづけたのが親鸞だった。「悪人こそが救われる」、つまり「善人が救われるものならば、悪人が救われないはずはない」と。誰でも知っている。

せっかく親鸞がさしだしたこの大テーマを、西田幾多郎は、その素手をさしだして受けとろうとはしなかった。みずからいう「場所の論理」の、その場所に、悪は存在していないと主張したかったのか。

ここで、落ち着いて考えておかなければならないことがある。親鸞がさしだした悪のテーマを受けとらなかったのは、西田幾多郎だけではなかったからである。親鸞以降のわが国の思想の流れのなかで、それを正面から受けとめようとした人間は、おそらくほとんどいなかったということだ。

悪の追究は、この国ではいつのまにか流産の憂き目にあっていたというほかはない。その流産の歴史に止めを刺すように、西田幾多郎が「絶対無」の哲学的惹句を掲げて、終止符を打ったということになりそうだ。

悪よ、さようなら、悲しいかな……、そうつぶやく親鸞の声がきこえてくるようだ。

車は、あいかわらず快調に飛ばしていた。

瞼の裏に、こんどは鈴木大拙の仙人のような顔が揺れるようにあらわれてきた。

車の揺れが、快いリズムとなって伝わってくる。

鈴木大拙には、『日本的霊性』という作品があった。そこに使われている文字の一つひとつがいつのまにか闇の視野のなかに明滅している。さまざまな人間たちの言葉が浮んでは消えていく。かれらの行動が立ちあがっては去っていく。

「霊性」を語る言葉の海、その言葉の奔流のなかで、鈴木大拙によって最終的にすくいあげられているのが、親鸞の「一人」であることには、ほんとうに驚かされる。四方に放射される言葉マンダラのなかで、ただ一つ焦点化されているのが、あの『歎異抄』の末尾に登場してくる短い文章であることに気づく。


弥陀の五劫思惟の願をよくよく案ずれば、ひとへに親鸞一人がためなりけり

「日本的霊性」というとき、扇の要の位置にあるのが、その「一人」だ、といっている。鈴木大拙の筆は、いつでも、どんな場面でも、岸辺に打ち寄せる浪のように、そこにもどってくる。帰りなん、いざ、とつぶやきながら、そこへ帰ってくる。このリフレーンは、海の向こうの、デカルトの「われ思う、ゆえにわれあり」に似ている。デカルトの「われ」と親鸞の「一人」が重なり、もつれ合って、同じリズム、同じ旋律にのってきこえてくる。

しかし、その大拙も、じつは親鸞の「一人」にこだわりつづけながら、親鸞の「悪」には深入りしていない。近づこうとはしなかった。それどころか、明らかに、その問題を盟友西田幾多郎と同じように回避し、見て見ぬふりをしている。

西田と同じように鈴木大拙もまた「無」の岸辺へとまっしぐらに没入していこうとしているからだ。やがて「東洋的無」の哲学的惹句が、かれの唇にのぼるようになる。

西田幾多郎と鈴木大拙が、その思考のどんづまりのところで、無のきずなでかたく結ばれていたことがわかる。二人とも、「無」好きの「悪」嫌いだったということだ。それは日本思想の独自性だったのか、それとも日本哲学の風土病だったのか。

それにしても、「一人」とは何か。鈴木大拙は、親鸞のいう「一人」がよほど好きだったのだろう。けれども大拙は、「一人」になって「悪」を考えつづけている親鸞の、その内面にまでは立ち入ろうとしなかった。「一人」になって「悪」を考えている不気味な親鸞を、しんから理解したり想像したりすることができなかったのかもしれない。親鸞の姿は、たしかに不気味な姿であるのだが、しかし反面それは、こころ躍るような世界に開かれている姿でもあったはずだ。

善人、悪人、無に魅入られた人、人、人……。

車が、いつのまにかスピードを落しはじめていた。目的地に近づいているのがわかる。親鸞が歩いていた道が、ふたたび前方にみえてきた。北陸の海に開かれたその道を、西田幾多郎も鈴木大拙も歩いていたはずだった。

車は、第一の終着点に近づいていた。金沢の幻影が瞳孔のなかでしぼんでいき、悪も無も姿を消していた。ふたたび今泉さんとの同行二人の旅、がはじまっている。

「日本海が、凄いですね」

今泉さんの声が弾んだ。碧い海の壁が盛りあがり、丸味を帯びた大海原が広がっている。

車は新潟県に入っていて、ようやく「親不知」の駅にすべりこんだ。滋賀県の今津で湖と別れ、北陸道を走りつづけてから三時間半が経過していた。ほぼ三百キロ走ったことになる。

親不知は、北陸道最大の難所といわれてきたところだ。東側に見上げるばかりの断崖絶壁、西に日本海の荒海が迫る。旅人は、そのほんのわずかな細い波打際を駆け抜ける。親は子を忘れ、子は親をかえりみるいとまがない。それで「親知らず　子知らず」と呼ばれるようになった。そのあまりな難路の前で立ちすくんだ親鸞を、漁師に姿を変えた如来が背負って渡した、という「聖人」伝説がその地にはのこっている。

車はそこからさらに北上。糸魚川市能生の木浦《このうら》へ。流木が砂につきささっているような寂しい浜だった。陽がようやく落ち、暗くなった空をそこだけまばゆく染めあげて沈みかけていた。

伝承がのこされていた。親鸞はこの木浦のあたりまで行脚の旅をつづけ、その浜から舟にのって、最終地点の流刑地・国府に向かったのだと……。

上陸したところが、現在の直江津に近い「居多ヶ浜《こたがはま》」だったという。木浦から居多ヶ浜までほぼ二十五キロ、もしもそうだったとすれば、それはほんのわずかな船旅だったことになる。

すでに、陽がとっぷり暮れていた。今泉さんと直江津駅前のホテルに入る。ひと風呂浴び、だだっ広い食堂で酒をのみはじめる。遅くまで話しこんでいるうちに、客は誰もいなくなっていた。

海、海、海

翌日も、快晴に恵まれた。気温もぐんぐん上昇している。居多ヶ浜にでると、小さな無数の波がしらが陽の照り返しで、キラキラ輝いていた。

手前の小高いところに、「親鸞聖人上陸の地」の標識が建っている。親鸞が二人の供をつれている浮彫りの銅板がはめこまれている。左手をみると、「居多ヶ浜記念堂」と並んで聖人像を祀る「八角堂」が建っていた。法隆寺の八角堂（夢殿）を模したのだという。

私はその地を四十年も前に訪れていたが、そのようなものは何ひとつ建ってはいなかった。何もない、まさに廃墟としかいいようのない寂しい浜辺で、親鸞の上陸を記念する板碑が一本、まことに頼りない風情で砂浜につきささっているだけだった。

記念堂に入って案内を乞うと、なかは広々とした畳敷きで、仮本堂といったしつらえになっていた。集会や宿泊にも使われているのだろう。正面には普請中の八角堂から移された親鸞聖人像がおかれ、欄間には「大乗海」や「本願海」などの額がかかっている。

親鸞の著作を一枚でもめくればわかることだが、たちまち海、海、海……の言葉に遭遇する。門徒たちとの語らいのなかで、いつのまにか海の言葉をしのびこませる口癖がついていたのだろう。落日の時刻ともなれば、「海上の浄土」と目を細め、海が荒れ狂う夜中には、「愛欲の広海」とつぶやいている親鸞の姿が浮かんでくる。

一度は罪をえて死んだはずの自分が、配流の地でふたたび大海原を前にして生き返っている。その親鸞の体験が、いのちの原風景として眼前に展開している。死と再生のはてに、おのれの五臓六腑にしみこんだ原風景だったといっていい。

記念堂には参詣客も観光客もおらず、元気なおばあさんがいて、茶菓をだしてもてなして下さった。

「くわしいことは、わからないけどね。親鸞さんは、この先の木浦で舟に乗り、近くの郷津《ごうづ》で降りて、この居多ヶ浜まで歩いてこられたというんです。近くに林正寺さんという真宗大谷派のお寺があるんですが、先代のご住職が昭和四十五年ごろに記念堂と見真堂（八角堂）をお建てになった。けれども長年の潮風で瓦が傷んで、それで京都から宮大工さんにきてもらい、修理をはじめたんです。これだって借金だと思いますよ。お詣りにくる人も多くないしね。お賽銭もそんなにあがりません。私はね、十日町からきました。家は曹洞宗でね、何も知らないんですけど、昔、お詣りにきたとき、ここに九十歳ぐらいのおばあさんがいてね、面倒をみてくれないかと頼まれたんですよ。そのご縁で、それ以来ここでお世話になっているんです。中学しか出ていないから、何も知らないんですけどね。いやあ、あの時代、高校に行く人なんて、ほとんどいなかったんですから……」

おばあさんは、さんさんとふりそそぐ明るい陽を背にして、淡々と語っていた。その場にも廃墟の潮風がすでに吹いていたけれども、それでも居多ヶ浜に積もりつづけていた歴史の塵が、すこしずつ吹きはらわれていくようだった。

記念堂を辞して、ふたたび浜辺の廃墟に立つ。すると砂丘の蔭から、親鸞の歩く姿があらわれてきた。

網代笠《あじろがさ》をかぶり、黒衣と手甲脚絆に身を包んで歩いている親鸞である。短い袴の下からは太い両脚が突きでて、大地をふみしめている。顔面はかくされ、表情はみえない。がっしりした腰、手に杖……。

親鸞ゆかりの廃墟の地を訪ねると、かならずその像があらわれる。通りすぎる人間を無視するのでもない、さりとて歓迎するでもない姿で立っている。廃墟には欠かすことのできない、無表情の「聖人」マスコット、そんな風情で立っている。

親鸞の肖像といえば、そのなかでよく知られる「安城御影《あんじようのみえい》」(国宝)というのがある。畳のうえに坐り、手前に草履と杖がおかれている。襟まきを深々と首に巻き、編笠はかぶっていない。八十路を越えた老親鸞の、気力が充実した顔が描きだされている。

面白いことに、坐っている畳の敷皮は狸の皮、草履は猫の皮、杖はその猫皮を巻いた鹿杖であることが、確認されているという。おまけに黒衣の裾からは茜根《あかね》裏《うら》の下着がのぞいている。とても尋常の僧侶の扮装とはいえそうにない。それにくらべれば「聖人」マスコットの方は非僧非俗を地で行く乞食坊主の姿、いってみれば「聖《ひじり》」の体臭が匂い立ってくるような姿というほかはない。

家族とひとり旅

居多ヶ浜の廃墟から浮かびあがるもう一つの幻影が、その地で親鸞の妻になった恵信尼《えしんに》の立居振舞いである。尼のまわりには、子どもたちも二人、三人とふえて、すでに新しい暮らしがはじまっている。

親鸞と暮らした五年の歳月が流れていった。そのあとも、しばらくその地にとどまっていた家族は、やがて決意をあらたに、関東の常陸《ひたち》にむけて旅立つ。一人の非僧非俗は、あらたな家族を抱えこみ、世の荒波にもまれながらふくらんでいた。

車を降りてそのあたりを歩く。

居多ヶ浜からは、ほんの目と鼻の先に国府《こくふ》の跡地がみえた。それと隣り合うように、越後一の宮と称される居多神社が、森に囲まれて鎮座していた。地域ではお産の神さまとして大事にされ、参拝者を集めているようだった。ちょうど結婚式を終えたばかりのカップルが、一族ともどもお礼参りにきているのに遭遇した。

恵信尼も親鸞とともに、安産祈願のためそこにお参りすることがあったのだろうか。秋の収穫の祭りに参加したり、死者のタマ祭りに顔を出すことはなかったのだろうか。

日々つみ重ねられていく非僧非俗の暮らしが、そのような想像に私をかりたてる。親鸞の日常の自在な振舞いが、地域の人びととの交流のなかでしだいに輪をひろげていく。

家族に囲まれる暮らしのなかで、それでも親鸞の「一人」は見失われることはなかったであろう。地域の人びととの交流のなかで、そのなかに埋没してしまうこともなかったにちがいない。超越のかなたに輝いている阿弥陀如来の眼差しが、自分「一人」に注がれている、という直覚のようなものが、すでに芽生えはじめていたのではないだろうか。

新しい土地にむかって旅立つときが近づいていた。

朝になって浜に出れば、陽がのぼる。夕べになれば水平線のかなたに陽が沈んでいく。海が、終日荒れ狂っているときもあっただろう。

なんといっても忘れがたいのが、落日の光景だった。晴れた日、大空の一画を染めあげる夕焼け、居多ヶ浜に出さえすれば、いつでもそれを目にすることができた。

阿弥陀如来のお誓いは、
大海原に、わが身を浄土に渡してくれる大船
落日の輝きこそ、
　その如来が放つ救済の光
（難思の弘誓は難度海を度する大船、
無碍の光明は無明の闇を破する恵日なり。）
（『教行信証』の冒頭）

親鸞のこころの底に、終生刻まれることになる原風景、「海上浄土」のイメージといってもいい。

家族とともに歩くひとり旅がはじまる。恵信尼と子どもたちと手を携え、山野を越えていく長旅のはじまりだった。

その親鸞一家の長旅を先取りするような思いをこころに畳んで、ふたたび車にわが身をあずける。

一路、善光寺へ。

妙高山の麓をぬうように、快適な国道をスピードをあげてひたすら走りつづける。おそらく親鸞一家も、この近くの道を歩いていったのだろう。

陽のまだ高いうちに、善光寺の門前に着く。善光寺は翌年（二〇一五）のご開帳をひかえて、善男善女でにぎわっていた。

驚いたことに、本堂のそば近く、あの親鸞の「聖人」マスコットの旅姿が、二廻りも三廻りも大きな銅像の形になって建っていた。

その「聖人」マスコットは、その後わが国土を出て海を渡り、太平洋のかなたまで旅をつづけていた。ニューヨークのセントラル・パーク近く、ハドソン川の河畔に西本願寺系の北米仏教会が建っている。その入口の玄関先に、やや小ぶりではあるが、まったく同型の「聖人」マスコットが安置されていたのだ。それを見て、何ともなつかしい思いがこみあげてきたことを覚えている。

善光寺に到着して、われわれの親鸞とともに歩く旅もようやくその半道を消化して一段落することになった。だがこのあと、親鸞の家族は、さらに山を越え川を渡って関東へ、そして常陸までの長旅がつづく。

ふと振り返ると、何と、ゆっくり歩いてくる芭蕉の旅姿が近づいてくる。北の出羽、酒田の方面から旅をつづけている放浪僧の影だ。それが日本海の岸辺に出て、佐渡島にじっと見入っている。

芭蕉は日本列島の津々浦々を、「奥の細道」を歩くときのように歩きつづけていたが、その旅姿の形が親鸞の「聖人」マスコットと寸分違わないことに気づく。僧衣をまとう「俳聖」マスコットの旅姿になっているからだ。

気がつくと、念仏聖《ひじり》の親鸞が西へとやってくる芭蕉と別れて、善光寺に集まってきた善光寺聖たちの群れのなかにまぎれこんでいく、その姿が信州の高原にひろがる青空のまんなかに浮んでいた。

同時代人だった鴨長明

私は京都に住んで、ことしで二十八年目になる。京都とはいっても、洛中に移ってから数えると、まだ十五年ほどしか経っていない。

現在のところに住みついてから気がついたのであるが、わが棲み家から歩いてわずか五、六分のところに、「親鸞聖人御入滅之地」の石碑が立っていた。下京区の西洞院通を下って、松原通と交差するあたりだ。

親鸞の日常が急に、身近に感じられるようになった。その肉体から発する匂いまでが顔にふりかかってくる。ゆっくり歩いていく親鸞の背中がみえてくるようだった。ときに聖人は、息せき切って汗をふきふきからだを運び、その緊張にみちた表情までが浮かぶ……。

最近になってふと思いつき、鴨長明が晩年に住みついた「方丈」の庵を訪ねてみる気になった。京都南郊の伏見の奥まったところに、その庵はあった。日野の里といわれてきたところだ。

気がついていながら、なかなかそこに行けないでいた。それが、こころの負担にもなっていた。というのもその日野の里は、親鸞の誕生の地とされてきたからだ。そこに立派な誕生寺が建てられ、あたりがきれいに整備されているということもきいていた。しかもその親鸞の誕生寺が、長明の移り住んだ方丈の庵とほとんど隣接しているということも知ってはいたのである。

いいわけがましい話にはなるけれども、わが家のすぐそばには西本願寺と東本願寺の、まさに威容を誇る大伽藍が並立するような形で建てられていた。日野の里にある庵がなかなか現実の私の視野に入ってこなかったのも、そのためだったかもしれない。その上、浄土真宗の末寺に生まれた私は、はたちになったばかりのころ、故郷の田舎から上洛してきて、その西本願寺の御影堂で得度の式を受けていた。

そんな過去の記憶が目に見えない薄い膜のように張られていて、それが日野の里へのまなざしを遮っていたのだろう。親鸞の存在が、大教団の開祖というイメージによって増幅されすぎていたためかもしれない。

けれども実際に日野の地を訪れて、長明の方丈庵跡に足をふみ入れて気持ちが改まった。親鸞と長明が日野の山里を介して、にわかに眼前に交錯するようになったからだ。その二人の影像がしだいにふくらみはじめ、それがさらにはるか後代の良寛の日常の暮らしを引き寄せ、浮かび上らせるようになった。良寛の越後の五合庵の生活が、日野の山里における長明の方丈の暮らしへと私の関心を誘ったのである。

良寛と長明という二人の遁世者からやや距離をおくような形で、親鸞の姿がみえてくるようになった。親鸞もまた、その生涯においてほとんど庵の生活に近い日常を送っていたのではないだろうか。その前半は比叡山において、そして山を下りてからの後半生は、京の都のどこかで……。

あらためていうまでもないが、鴨長明と親鸞は同時代人、それにたいして良寛はその二人から六百年も後の世に生きた人間である。長明と親鸞は中世のまっただなかに生きていたが、良寛は近代のとば口に立って、ほとんどわれわれのそば近くで呼吸している。いってみれば、良寛のからだは中世の風土に包まれ、その顔は近代に向けられていた。

良寛は一八三一年（天保二）にこの世を去っているが、坂本龍馬がその四年後の一八三五年（天保六）に生れている。良寛は龍馬とほとんど同時代の空気を吸っていたことになるだろう。それにならっていえば、親鸞の誕生は一一七三年（承安三）で、そのとき長明は十八歳になっている。その長明が世を去るのが一二一六年（建保四）であるが、そのころ親鸞は比叡山での修行を終えて法然の弟子になっていた。京都住いから東国布教の旅に出ていたころだろう。

良寛が今いったように、中世と近代のはざまに立つ人間だったことがわかる。鴨長明を登場させることで、良寛が二つの顔をもつ人間だったことがさらにはっきりみえてくる。このときこの二人の存在を結びつけるキーワードとなるのが、おそらく庵住いの暮らしぶりということになるのではないか。究極の「ひとり」暮らし、といってもいい。

鴨長明には、よく知られた『方丈記』のほかに中世期の往生者たちの生活を記録した『発心集』という作品がある。世を捨てた遁世者たちの生きざま、死にざまを集めたものだ。その多くが奇行というか逸脱行動にみちているから、とても、「高僧伝」の範疇に入るようなものではない。むしろ世を拗ねたといえばいえるような者たちの「往生伝」である。タイトルに出る「発心」は、往生の願いにうながされて、というぐらいの意味だ。

冒頭に登場してくる三人の話が、いかにも編者・鴨長明の意図をきわ立たせていて面白い。その語り口からは、作者の息遣いまでがきこえてくる。

一、玄賓《げんぴん》僧都が世を遁れ、姿を隠したこと。

桓武天皇のころ、奈良の興福寺に住んで世に認められ、高僧と噂されていたが、いつしか世の中が嫌になって姿をくらました。時が経ち、弟子が北陸地方に旅し、舟で大河を渡ろうとしてみると、頭髪の乱れた貧相な渡守りがいて、それが何とわが師であることを知る。さらにくわしい話をと思っているうちに、また姿をくらましてしまった（第一の一）。

一、平等供奉《ぐぶ》が比叡山を離れて、他州に行ったこと。

比叡山で修行していたこの僧は、便所に入っているとき世の無常を感じ、白い下着をつけたまま逐電《ちくでん》。山を下り、舟で伊予の国（愛媛県）に渡って、乞食をしながら暮らしていた。時を経て、ある貴族が国守となって伊予国に赴任することになる。たまたまそれに従って下向した平等供奉のかつての弟子が、その地で異相の乞食を発見してわが師であると知る。そのあとを尋ねて行くと、ふたたび姿をくらましてしまった（第一の三）。

いまあげた二つのエピソードを読むと、そこから浮かび上る情景があとでふれる近藤万丈《ばんじょう》と「了寛」（良寛）の出会いに重なる。ほとんど瓜二つの話にみえる。それが土佐という辺境の地であったことが、いっそうその想像をかきたてる。草深い田舎の、ほこりっぽい匂いまでが立ちのぼってくる。良寛はひそかに長明の『発心集』を読み、親しんでいたのではないだろうか。

ここでもう一つ、鴨長明の肉声を聞いてみることにしよう。同じ『発心集』の第一の五に登場する「多武峯《とうのみね》の増賀《そうが》（発心集では僧賀と表記）上人」のことだ。同じようにかれも、世を遁れ往生した人間の一人だった。その話のなかからきこえてくる長明の生《なま》の声に、もうすこし耳を傾けてみよう。ひとり住いの長明の、ひとり言のような言葉とも思えるし、とにかく子どもの耳にもとどくような、噛んで含めるような声だ。

多武峯というのは奈良にある。増賀上人ははじめ比叡山に登って、良源座主（天台宗中興の祖）について修行していた。けれどもいつまでたっても生来の奇行がやまず、ついに山を下りてしまう。宗教的奇人といわれたが、その最右翼に列するような人間だった。

乞食たちといっしょになって残飯を食べていた。かと思うと、さっさと山を下り、放浪の旅に出てしまう。後に天皇の妃の戒師《かいし》になっている。けれども、ときに宮中で奇行に走り、顰蹙をかう。

上人が、いよいよ命が終ろうとしたとき、弟子たちを呼んで「碁盤をもってこい」と命じた。もってこさせて、ひとりで碁を打ちはじめる。そのあと、こんどは馬具を用意させ、それを首にかけて「胡蝶」の舞いを舞っている。弟子たちが怪しんで理由を問うと、こう答えた。

「自分は子どものころ、碁を打ったり、舞いを舞ってみたかった。ところが、そんなことをしてはいけないといわれて、ついにやらずに今日まできてしまった。それがどうも心にかかって仕方がない。もしこのまま往生してしまうと、碁を打ったり舞いを舞ったりしたいと思っていた執念があとにのこって、どうもうまく往生できそうにない。それでこの最期のときにあたって、碁を打ち、舞いを舞いたかったのだ」

そういう話を紹介してから、長明はそれにつぎのようなコメントを加えている。

「この上人の振舞いは、後世のわれわれの目からみると、あたかも物狂いをしているかのようにみえる。しかしよくよく考えてみると、生前の妄執からのがれようと、最期のときに碁を打ち舞いを舞っているのは、それはそれで尊いことではないか、有難いことではないか」

つまり往生というのは、なにも真面目くさって、肩肘張って、悟りだけを思い描いてするものではない。禁欲の生活をつづけていって、その果てに往生する、――それだけが往生ではないだろう。囲碁を打ちたければ打つがいい、舞いを舞いたければ舞うがいい。そしてしだいに臨終のときを迎える。いわば自分の趣味に生き、芸能の世界に愛着を示しながら、すこしずつあの世に近づいていく。

鴨長明はこういう往生の仕方を「数奇のなかでの往生」といっている。自分でもやっていたように琴や琵琶を弾きながら、この世からあの世への道行きを歩いていく……。

数奇というのは、風流の道、風雅の道である。その風流、風雅にこころを澄まし、そこに全身を投入していれば、その果てに訪れる往生には価値がある。有難い往生ではないか。

むしろいけないのは、人生に心残りがあったために、のちの世に自分の執念をのこすこと。それをあながちに宗教的な奇人などと称するのは見当違いの批判である、といっているわけである。

長明、良寛、芭蕉

じつは鴨長明自身にも、この増賀上人の数奇往生によく似た逸話がのこされていた。『文机談』という作品にでてくるのだが、それは長明の没後五十年のころに編集されたものだという。

長明には音楽の師匠がいた。琵琶や琴の道を習った中原有安《なかはらのありやす》という人物である。その師が亡くなったとき、長明が音頭をとって追悼の会を催した。当時の音楽愛好者たちを賀茂の森に集めて「秘曲づくし」と称する演奏会を開いた。

その席上で、長明が琵琶の秘曲とされる「啄木」を弾いたところ、これを非難するものがあらわれた。たしかに長明には音楽の才はあるが、しかし「啄木」という秘曲を正式には伝授されてはいないではないか、と。

この事件がのちになって後鳥羽院に告げ口され、鴨長明は喚問された。そのときの院にたいする弁明の言葉がふるっている。

「自分はもともと管弦や和歌を好む人間としてこの世に生を享けた。それで秘曲への思いがつのり、その執念が朝晩自分を責めたてるので、その妄念を晴らすために大家を誘ってこの演奏会を開いたのです」

この逸話の真偽のほどは定かではない。けれども、さきの増賀上人の話からもわかるように、長明ならいかにもいいそうなことである。

しかし、この長明の弁明は人々の納得をえることはできなかった。失望したかれは、そのまま遁世の道に出てしまう。

このような鴨長明の考え方は、西行や芭蕉のそれともそれほどのへだたりはないのではないかと思う。その明瞭な痕跡がかれらの暮らしぶりの上にもみられるからだ。そしてそれは親鸞のいう「自然《じねん》」の生き方とも矛盾しなかったであろうし、のちの世の良寛のそれにも通ずるものだったような気がする。いずれも終生、和歌や俳諧の道を手放すことのなかった数奇三昧の人間たちだったからだ。

そのようにいってしまうと、親鸞についてだけは多少とも違和感のようなものがのこるかもしれない。けれどもそのようにみえるのも、よくよく考えれば常識の枠組にとらわれているだけの話かもしれない。この点については、もうすこし探りを入れてみよう。

いま鴨長明の数奇三昧にふれたが、それは良寛の生き方をも要約する言葉だったともいえる。良寛は何といっていたか。自作の漢詩のなかで、自分は俗人でもなければ沙門《しゃもん》（僧侶）でもない、といっている。自分の一生はいったい何だったのかと自問し、

笑ふに堪へたり嘆くに堪へたり（堪笑兮堪嘆）
俗に非ず沙門にも非ず（非俗非沙門）

笑っても泣いても、もう俗人でもなければ、坊主でもない、そういっている。そのあとに言葉としてはのこしていないけれども、ただの歌詠みさ、という自嘲めいた吐息をもらしていたかもしれない。漢詩のころもを着けようと、和歌の形を借りようと変りはないさ、そんな軽みがかれのからだにしみついている。草ぼうぼうの庵に逼塞するひとり住いが、そんな風を吹かせている。

そういえば、芭蕉も似たようなことをいっている。

芭蕉が隅田川のほとりに結んでいた草庵を出て、伊勢にむけて旅立ったのが貞享元年（一六八四）の八月。四十一歳になっている。良寛が生まれる七十四年前のことだ。こうして世にいう

『野ざらし紀行』の旅がはじまる。自分は身に刃物などは持たず、ただ頭陀袋をぶら下げ、手に数珠を持っているだけだ。そしていう、

僧に似て塵あり
俗に似て髪なし

坊主の恰好はしているけれども、じつは煩悩まみれ。俗人を装いながら、せめても髪だけは剃っている。これなども良寛風にいえば芭蕉における「非俗非沙門」の告白といっていいだろう。芭蕉も良寛も、長明の口吻を借りていえば、数奇三昧の道を歩いていたことがわかる。俳諧を手放さない。和歌の道を捨離できない。そういう遊びごころに憑かれた人間が、世間と適度の距離を保ちながら、ひとり旅をつづけようとしている。

ひとり旅の源流

ここまでくれば、そのようなひとり旅の源流に、親鸞の足跡がいやでも浮上してくるだろう。

僧にあらず　俗にあらず（非僧非俗）

である。これは、親鸞が自分の最後の居場所を告げる危機の言葉だったのだが、それを芭蕉は「僧に似て塵あり　俗に似て髪なし」と嚙みくだいてみせた。かれはほとんど親鸞の身になったような気分で、わが身になぞらえて親鸞の「非僧非俗」を解いてみせたのである。そうであってみれば、はるか後世の良寛があらためてあれこれつけ加えることなど、何もなかったのだろう。ただ、われまた俗にあらず、沙門にあらず、といえばすむことだった。

面白いというか、謎めいているというか、芭蕉も良寛も親鸞のこの「非僧非俗」にまったくふれていない。知ってか知らずか、そのような気配すらみせていない。本当に知らなかったのだろうか。不可思議の沈黙というほかはないのだが、それはもしかすると、言葉にする以前の、この日本列島人のあいだに密かに抱かれていた願望、無意識のつぶやきのようなものだったのかもしれない。

だが、ここではやはり芭蕉の言葉に耳を傾けた方がいいのだろう。よく知られた話であるが、かれはさきの『野ざらし紀行』のあと、ふたたび上方への旅に出る、そのときのことだ。そのことを『笈《おい》の小文《こぶみ》』にまとめているが、そのなかで自分の俳諧への執心を告白して、自分はたしかに「無能無芸」の人間だが、しかしただ一筋の道につながる、末端のはしくれとは思ってきた。そのただ一筋の道とは西行の和歌、宗祇の連歌、雪舟の絵、そして利休の茶のことだ……。

これはいいかえれば、まさに鴨長明のいう数奇三昧の執心につらなる一筋の道にほかならないだろう。それはまた、僧に似て塵あり、俗に似て髪なしに通ずる一筋道であり、非僧非俗から非俗非沙門へと行きつく一筋道であった。ひとり住いを楽しむ数奇三昧の世界である。

それにしても、いったいどうして「非僧非俗」などという、一見奇矯ともみえる自己表現が登場してきたのか。たんなる言葉遊びではないとしたら、その真の含意はどのようなものだったのか。その第一の発言者は知られるように親鸞だったのだから、まずはかれの口からそのことの真意をうかがってみることにするほかはない。

親鸞の時代には、かれの自覚というか認識によればどうも三種類の「僧」が存在していたようだ。

一つは、持戒僧。結婚することなく、戒律を守って修行するタイプ。たとえば親鸞の師、法然がそうだった。おそらく、その生き方の清潔さに惹かれたのだろう。山を下りて伝道活動をはじめた法然のもとに、多くの弟子や信者が集まるようになった。

二つは、破戒、無戒の僧。山の上であれ、里のなかであれ、当時の多くの僧がこのタイプだった。肉食し、妻帯する者、子どもをもうける者、それを隠す僧もいたが、隠さない僧もいた。

三つが、非僧非俗の生き方である。まだタイプと称するまでにいたってはいなかったが、それを自己自身のあり方として表明したのが、さきにみたように親鸞だった。その主著『教行信証』の「あとがき」のなかで、かれはそのことを簡潔に記している。

親鸞は妻をめとり、子までつくったのだから、とても持戒僧とはいえない。普通なら師によって破門されても仕方のないところであるが、法然はそのような生き方も認めていた。念仏によって救われるという点で、持戒も破戒も無戒もない、という立場をとっていたからだ。

非僧非俗という「ひとり」の形

それなら親鸞のような生き方はたんなる破戒僧、あるいは無戒僧だったのかといえば、そうではないのだとかれは考えていた。ひとたび念仏の道に入った以上、自分はもうたんなる俗人ではない、という自覚をもつようになっていたからだ。だからそういう自分をたんなる破戒あるいは無戒といって、そこに安住してこと足れりとすることはできない。もちろん持戒僧への道は、はじめから放擲《ほうてき》している。とすれば最後にのこされた道は非僧非俗というほかはないではないか。

第一の持戒僧の立場についていえば、その世界に生きる僧の数はすくなかったであろう。この立場をつらぬくのは容易なことではなかったと想像されるが、しかしそれはかならずしも孤独の道ではなかった。尊敬される生き方だったからだ。

第二の破戒、無戒の立場は、いってみれば多数派を形成していた。たくさんの仲間がいて、セクトの群れをつくって、そのたがいを認め合う集団的な語らいのなかに自分を埋没させることができたであろうからだ。その他大勢の、気楽な生き方がしだいに輪をひろげていく。

これにたいして、第三の非僧非俗の立場は、それをあからさまに表明するのはかなりの勇気を要したのではないだろうか。それに、おのれは僧に非ず、というい方にはかなりの毒が含まれている。それでもおれは、俗に非ずだ、といわれれば、そこに含まれる批判の刺《とげ》がただちに伝わる。すくなくとも仲間から尊敬や信頼の対象にはされにくい。群れの輪からはしだいに敬遠され、群れのなかで生みだされる親和の感情からもへだてられていく。親鸞にとってそのようなことは、はじめから覚悟の上だったのだろう。すでにそこにも、親鸞の「ひとり」が顔をのぞかせている。

持戒僧の仲間からの逃走がはじまる。同時に、破戒僧、無戒僧の群れからの遁走もはじまる。そのさきにみえてくるのが遁世の生活空間であり、隠者という名の、身すぎ世すぎの仮りの姿だった。外部の目から眺めれば、そのようにしか映らなかったのではないか。

鴨長明が『発心集』のなかに登場させている、玄賓や増賀などの遁世僧たちの生き方がそうだったと思う。日野の里へと遁世した長明の、方丈の庵の生活がそうだった。そして親鸞もまた、そのような増賀上人の遁世作法にあこがれの気持を抱いていたようだ。そのことを記す貴重な史料ものこされている。

そのことにふれる前に、ここで四国の辺境の地を流浪していたらしい良寛の、孤独で淋しそうな姿に登場してもらうことにしよう。あばら屋のような庵で、良寛が『荘子』一冊とともに生きていたという話である。そのような伝承がよくぞ残されていたと思わせるようなエピソードである。

知らなかった「良寛の悲劇」

唐突な話になるが谷川健一さんの訃報に接したのが、たしか、暑熱のまっただ中の八月のことだった。谷川さんとの出会いは、ずい分昔にさかのぼる。そして最後にお目にかかったのが平成十二年（二〇〇〇）で、たまたま対談する機会があったからだった。それも今から指折り数えると、もう十六年も前のことになる。

京都の旅宿の一室で、久しぶりに顔を合せた。あいかわらずの巨軀を沈めるようにして座についた谷川さんだったが、しばらくしてまったく意表をつくように親鸞の話題をもちだしてきたことを、今でもよく覚えている。

私ははじめ、沖縄や万葉の話が出るだろうと楽しみにしていたのである。柳田国男や折口信夫、それに日本地名研究所の現状などもきくことができるだろうと期待していた。

それだけに、谷川さんの口からいきなり親鸞の話が出て一瞬あっけにとられ、言葉をのみこんだ。みると、谷川さんの表情にはいつもの緊張のまなざしが走っていた。

親鸞は正月やお盆をどのような気分で迎えていたのだろうか、かれの信心ははたして古来の信仰と縁のないものだったのだろうか、そんなところから話がはじまったように思う。

対談のテーマがあらかじめ「日本人の魂のゆくえ」と設定されていたからかもしれない。自然にお盆という鎮魂の行事がもち出され、それに重ねて親鸞の晩年がはたしてどうだったのかと話が展開していった。

やはり親鸞の人生では、若いころの流罪体験がそのことにかんして大きな意味をもっていたのではないか。かれはその時期、土地の盆踊りや念仏踊りにふれていたはずだ。在来の民俗信仰の息吹きにさらされていたであろう。そのことをいう谷川さんの口調には熱がこもりはじめていたのである。

谷川さんが亡くなって、しばらく経ったころ、おそらく最後の著書となるであろう本が送られてきた。『露草の青―歌の小径』というタイトルで、出版社の冨山房インターナショナルを介してとどけられた。日付が八月二十三日となっているから、編集には著者による最後の手が入っていたのだろう。歌をめぐる短いエッセイを中心に編まれていた。

何気なく頁をめくり、目次を拾い読みしていて、「良寛の悲劇」という一行に目がとまった。それでその文章からはじめようと頁を繰り、読んでいるうちに惹きこまれた。

良寛について、まったく知らなかったことが書かれていたからだ。言葉の一つひとつが、まるで異界からとどけられる谷川さんの肉声のようにきこえて、驚かされた。

ほとんど、はじめての良寛体験だった。出だしのところから、胸にひびいた。一筆で描いた、瑞々しい一幅の絵を目のあたりにしているようだった。

江戸時代後期の話である。

ある旅人が、土佐の国に行って城下の三里ばかりのところで日が暮れた。おまけに雨が烈しく降っているので、山麓のあばら家で宿を借りようとした。応対に出たのは、血色の悪い、やせた若い僧である。食い物も、夜着もないという。それでもかまわないと、上がりこんだ。旅人は部屋を見渡したが、家財らしいものは何もない。木仏があるだけ、窓ぎわの小机には、ただ『荘子』が置いてあった。(二三七頁)

客の訪れに、ひょいと出てきた「血色の悪い、やせた若い僧」の姿が、生々しく蘇る。辺境の地であるだけに、余計に目立ったのであろう。部屋のなかに『荘子』の一冊以外、なにもなかったというのも悪くない。谷川さんの文章は目ざとくその光景に焦点をあてて浮かび上らせている。主人と客の二人は、夜更けまで炉をかこんで坐っていた。若い僧はひとことふたこと言ったあとは、一言も発せずに坐っている。坐禅するというわけでもない。眠るのでも、口に念仏を唱えるのでもない。客が話しかけても、ただ微笑を返すだけ。

旅人は、この僧はきっと狂人にちがいないと思う。いたし方がない、その夜はそのまま炉のふちに寝て、暁に目覚めると、僧も炉のふちに手枕をして眠っていた。

ふたたび、谷川さんの文章にもどろう。

……翌朝、雨は一層烈しくなった。それでは出立できないので、雨が小止みになるまで、家に置いてほしいと頼むと、僧は「いつまでなりと」と承諾した。昼頃、麦の粉を湯で練って、食事に出してくれた。その夜も泊まり、次の朝、帰りがけに、持っていた扇面に賛を願うと「越州の産了寛」と記した、という。(二三八頁)

越州の産の「了寛」は、おそらく良寛のことであろう。谷川さんも「了寛」は良寛のこととして書いている。

ここで近藤万丈の文に出てくる『荘子』の話について一言しておこう。放浪時代の良寛がなぜ『荘子』とともに暮らしていたのか。その心の動きを探るためである。

『荘子』の最後の章には、荘子の死の場面が記されている。命終るときを迎えた荘子は、弟子たちにこういいのこしていた。

この天地がわたしの棺桶だ。立派な葬儀などする必要はない。地上に放置すれば、鳥に食われもしよう。地下深く埋めれば、いずれは虫の餌となるだろう。それでよい。

(荘子まさに死せんとす。弟子厚くこれを葬らんと欲す。荘子曰く、「われ天地をもって棺槨《かんかく》となし、日月をもって連璧《れんぺき》となし、星辰を珠璣《しゅき》となし、万物を齎送《しそう》（会葬者）となす。わが葬具あに備わらざらんや。何をもってこれに加えん」。弟子曰く、「われ烏鳶《うえん》の夫子を食わんことを恐るるなり」。荘子曰く、「上に在れば烏鳶の食となり、下にあれば螻蟻《ろうぎ》の食となる。……」）

奇しくもというか、親鸞も同じようなことをいいのこしていた。その親鸞の言葉が覚如の『改邪鈔』に出てくる。覚如（一二七〇〜一三五一）は親鸞の曾孫にあたり、本願寺を中心とする真宗教団の基礎固めに尽力した。「改邪」とは邪見、邪義を改めるという意味だ。親鸞時代の『歎異抄』（唯円の聞書）は、当時の弟子たちのあいだにひろがった異端、異義を批判するために記されたものだったが、それにならったものだろう。自己の立場の正統性を主張するためには、いつの世にも登場してくる試みである。

その『改邪鈔』にあらわれる親鸞の遺言であるが、臨終のときを迎えてつぎのようにいったという。

某《それがし》閉眼せば賀茂河にいれて魚に与ふべし。

親鸞がはたして『荘子』に親しんでいたのかどうか、それはわからない。だが死後の葬送にかんして、荘子のいわんとするところと同じことを考えていたのがわかる。

ひとりの風に吹かれて歩み去る「非僧非俗」の行き着くさきが、そのようなこの世の岸辺であったことは、やはり記憶にとどめておいてよいのではないだろうか。

中世と近代のはざまに立つ良寛

さて、良寛は知られているように、若いころ、ふるさとの越後の出雲崎から家出して、備中玉島に行って修行していた。国仙和尚という禅僧の手引きで、そのあとにくっついて放浪の旅に出た。その玉島の禅寺をはじめ、二十年ほどの遍歴のときを過して故郷に帰っている。その玉島を離れたあとのことは、よく知られていない。どこを放浪し、さ迷い歩いていたのかもわからない。あるいはその頃、土佐の辺境の地まで流れていたのかもしれない。

良寛の放浪時代ということになるが、なぜそんな旅に出たのか。さきにもふれたが、高知の片田舎で、小屋掛けのようなぼろぼろの庵に住み、中に入ればぽつんと置かれていたという『荘子』のほかには何もない。

ただ乞食坊主の無言と微笑が返ってくるばかりだったとなれば、谷川さんのいうように何を考えていたのか見当もつかない。この僧のこころに、いったいどのような思いが渦巻いていたのか、知る由もない。

この「越州の産了寛」との出会いの話を後世に伝えたのが、江戸後期の文人、近藤万丈だった。

江戸小石川の人で、その「了寛」との出会いから五十年ほど経ってから、若き日の良寛に出会ったときの思い出話として随筆に書きのこしていたのである。

さきの谷川さんは「良寛の悲劇」のなかではふれていないけれども、「了寛」との出会いの話は近藤万丈の随筆集『寝ざめの友』一巻に出てくる。これは、昭和五十四年に吉川弘文館から出版された『続日本随筆大成』2（編輯は森銑三、北川博邦）に収載されているから、それで原文の風韻を味わうことができる。

近藤万丈という人物はその『随筆大成』2の解題（小出昌洋筆）によると又兵衛とも称し、安永五年、備中浅口郡に生まれた。実家は良寛が滞在して修行した玉島にある造酒屋だった。父の伯父に狂歌師芥川貞佐《あくたがわていさ》がいた。

越後で生前の良寛と親交のあった解良栄重《けらよししげ》が万丈の江戸の住居を訪ねたことが、万丈の『歌集』の奥書に記されているという。それで、万丈の晩年の様子がわかる。「弘化三年（一八四六）十一月十七日、小日向新屋敷一丁目近藤又兵衛万丈翁を訪ふ」とあるからだ。

万丈は、中国地方や四国、また越後にも旅を重ねた。嘉永元年（一八四八）に世を去っているが、行年七十三歳。

なお、さきに記した解良栄重は、良寛の有力な外護者だった解良叔問《しゅくもん》の三男。長男と次兄のあとをつぎ、十九歳で十三代目の当主となった。かれら一族は、足しげく解良家に出入りする良寛を温かくもてなした。良寛が天保二年（一八三一）に世を去ったとき、栄重は二十二歳、良寛より五十二歳年少だった。

この解良栄重はよく知られる『良寛禅師奇話』を編んだことでも知られるが、その第五十六段に、

「土佐ニテ江戸ノ人万丈ト云ヘル人、師ト一宿ヲ共ニセシト。其時ノ事、万丈ノ筆記ニアリ」

とだけ記されている。

その近藤万丈が「了寛」に出会ったときの情景を、谷川さんの言葉でさきに紹介したが、もう一度、原文で味わってみることにしよう。こころに染み入る言々句々だからである。谷川さんもそう思ったにちがいない。


土佐の国へ行し時、城下より三里ばかりこなたにて、雨いとう降り出て日さへくれぬ。道より二丁ばかり右の山の麓に、いぶせき庵の見えけるを行て宿乞けるに、としの頃四十ばかりなる僧のひとり炉をかこみ居しが、食ふべきものもなく風ふせぐべきふすまもあらばこそといふを、雨だにしのぎ侍らん外に何をか求め侍らんと、強てやどかりてさ夜更るまで相対して炉をかこみ居るに、この僧初にものいひしより後は一言もいはず、坐禅するにもあらず、睡るにもあらず。口のうちに阿弥陀ぶつと唱ふるにもあらず。何やうの物語しても只微笑するばかりにて有し。おのれおもふやう、こは狂人ならめと。其夜は炉のふちに寐て暁にさめて見れば、僧も炉のふちに手枕してうまく寝居ぬ。(「寝ざめの友」、『続日本随筆大成』2、一一三頁)

いささか近藤万丈その人にこだわってしまったが、谷川健一さんはそんなことにはあまり頓着せずに論をすすめ、最後になって、いきなりつぎのように書いてその一文をしめくくっている。

良寛の悲劇は知識人の悲劇である。出雲崎の彼の一家は父も弟たちも文雅の人であった。自己を意識の極限まで追い詰めることが近代のしるしであるとするならば、良寛はまぎれもなく近代人であった。良寛の歌風は万葉調で単純無比である。だがその単純さにだまされてはならない。近代の果てまで歩こうと決意した人に、恩寵のように訪れた単純さである。(『露草の青』、二三九頁)

良寛を近代人と見立てている。そう見れば、良寛の人生は悲劇的な様相を帯びて見えてくるであろう。極限意識の探求者、という風貌もきわ立つ。

けれども良寛の歌は、これ以上ない単純無比のものだった。一切の夾雑物を取り去って、澄んでいる。極限の意識など忍びこむ隙はない。

その矛盾を、どう解するか。超えていたのか。谷川さんは良寛の表面的な単純さにだまされるな、という。それは、近代の果てまで歩こうと決意した人に訪れる、恩寵のような単純さである、とまでいう。

なぜ谷川健一さんは土佐の良寛の一瞬の姿を記して「良寛の悲劇」といったのか。それはおそらく良寛の「近代」を通して、その存在の背後に「中世」の強烈な圧力を感じとっていたからではないだろうか。

「中世」と「近代」のはざまに立つ良寛、である。良寛の生き方が、時代の境目に孤立する悲劇の人を想いおこさせたのかもしれない。

五合庵の意味

以前私は、良寛のふるさとに旅し、その山住みの庵に行ったことがある。出雲崎をへて国上山《くがみやま》の五合庵まで足をのばした。

梅雨に入る直前だったが、山路をたどっているうちに、からだがじっとり汗ばんできた。むっとした熱気がしだいに全身を押し包んでくる。

梅雨は腐敗の季節だった。

雨が降り、湿気がたちこめ、ものすべてがじとじとしてくる。カビが生え、ものが腐り、異臭が鼻をつく。だから梅雨どきになれば、感情も腐敗する。

五合庵にたどりついたときも、そうだった。庵を覆いつくすように、まわりには雑草が生い茂っていた。人の足でふみしだかれたようなところが見当たらない。草いきれのなかを分け入るように近づいていくと、にわかにやぶ蚊の大群が押し寄せてきた。

いくら追い払っても、首筋や手首めがけて襲ってくる。べとべとする蒸し暑さのなかで私は立ち往生し、やぶ蚊とのたたかいに疲れはてていた。良寛もそんなたたかいのなかで日常を送っていたのではないか、そう思った。庵の生活といえば、さしずめ世捨て人の閑居、といったイメージが浮かぶが、とてもそんな生易しいものではなかったにちがいない。毎日のように空調設備に守られているわが身をふり返れば、ほとんど想像を絶する世界のようにも思える。

そんなことが記憶に蘇り、しばらく前、今度は鴨長明が「方丈」の生活をしたとされる旧跡をはじめて訪れた。京都の東西を走る地下鉄にのって、伏見区の「六地蔵」まで行く。そこからタクシーにのりかえて、親鸞の誕生地とされる日野の里に入った。

ほとんど人影をみなかったが、なだらかな林道を一キロほど歩き、しだいに狭まる急坂をのぼっていく。

いたるところ風になぎ倒された枯木が行く手を遮り、雑草が乱れ咲いている。そのまま、二、三百メートルも這い上がっただろうか。突然、見上げるような大岩石が出現し、そこを迂回して上に立つと、長明の庵跡を指し示す「方丈石」が立っていた。

やれやれと立ちどまり、じっとり汗ばんできた胸元を開けると、やぶ蚊ならぬ一匹の蜂がぶうーんと重苦しい音をたてて襲ってきた。

小鳥のさえずる声がきこえてきたとき、私はふと、庵跡のそばを走っているはずの渓流の音がまったくしていないことに気づいた。流れているはずの水がすっかり干上がっていたのである。それが蒸し暑さをいやが上にも耐え難いものにしていた。

梅雨どきになれば欠かすことのできない、あのさわやかな涼風が吹いてくることもなかった。そう気がついたとき、『方丈記』冒頭のよく知られた文章が、まさに清冽な川の流れそのままに、じっとり汗ばむからだに柔らかくささやきかけてきたのである。

　ゆく河の流れは絶えずして、しかも、もとの水にあらず。淀みに浮ぶうたかたは、かつ消えかつ結びて、久しくとゞまりたる例《ためし》なし。

これは久しく無常観を示すキーワードとされてきたが、じつは川面をわたる涼風をこそ喚起する言葉だったのかもしれない。

谷川健一さんも、近藤万丈が良寛に出会ったときの文章にふれたあと、みずから五合庵を訪れたときのことを印象深く書きのこしている。

国上寺《こくじょうじ》から林の道をたどるとけわしい急坂があった。その坂の下方のてのひらほどの空地に、五合庵がぽつんと建っていた。崖っぷちの狭い茅屋には、人がやっと身体を伸ばせるほどの板の間に炉が切ってある。

それは見るからに独房と変わらないものだったといって、つぎのように書いている。

私はそれを一瞥したとき、胸を衝き上げるものがあった。

――良寛よ、あなたはここまで自分を追い詰めなければ、安心ができなかったのか。

良寛は乞食の食べ残したものを食った。腐れかけた水を飲んだ。それでも彼の精神の飢えは収まらなかった。五合庵はその饑渇《きかつ》のまぼろしのように私のまえに立っていた。私は思わず涙を流した。(『露草の青』、二三八〜九頁)

そう書いてから谷川さんは、「良寛の悲劇は知識人の悲劇である」と歎いているのであった。そして、自己を意識の極限まで追い詰めることが近代のしるしであるとするならば、良寛はまぎれもなく近代人であった、といっているのである。

おそらく谷川さんのいう通りなのであろう。良寛は、自己を意識の極限まで追い詰めていった近代人だったと、私も思わないわけにはいかない。けれども良寛は同時に、意識の極限まで自己を追い詰めていったさきに、五合庵の生活という、いってみれば中世の岩盤の上に立つ自己をわがものにしようともしていた。中世人の生活基盤を手放そうなどとは考えてもいなかったのではないだろうか。

良寛の顔はたしかに近代を向いていた。しかしその足腰は、むしろ中世にむかって絶えることなく振動していたのではないか。

良寛の悲劇はたしかに知識人の悲劇であるけれども、それはもしかすると近代と中世の二つの世界に引き裂かれていた人間の悲劇だったのかもしれない。そしてそこに切り開かれた悲劇の断裂のなかから、中世に生きた親鸞や道元や日蓮などの姿が浮上してくる。いや、中世に生き、そしてその中世を否定しようとしたかれらの矛盾にみちた人生が立ちあらわれてくるような気がする。

良寛は、その「中世」に参入するためのキーパーソンではないか。そしてその中世の精神を近代へとさらに向き直させる稀な存在だった。あえていえば零落した近代をもう一度強靭な中世へと転回させる、羅針盤的な人間だったのではないか、とさえ思う。

良寛はもちろん、これまでのべてきたようなことをみずから語っているわけではない。かれはいつも、うたうように歌をつくり、うたうように詩を書いているばかりだ。議論などする気ははじめからない。けれどもかれが呼吸する生々しい暮らしの匂いのようなものは、かれのからだを押し包む空気のようなものまで含めて強烈に伝わってくる。

さて、良寛の人となりは、その漢詩を読むと日常的に道元に親しんでいたイメージが浮かぶ。

たとえば「永平録を読む」という七言の漢詩がそうだ。

そこには、良寛が日夜、道元の書に読みふけり、わき目もふらずにそこに没頭していた姿が記されている。「永平録」とは道元の『正法眼蔵《しょうぼうげんぞう》』のことだろう。それを徹夜してまで読みつづけ、感動のあまり両眼から涙がしたたり落ちて書物をぬらしたとまで告白している。そこにはまた、「身心脱落」という、道元が終生大切に考えていた言葉までが出てくる。

かれは禅の門に入り、禅の道場で修行しているから、それはそれで当然の話だったというほかはない。

ところが良寛の和歌となると、どうか。そこからは道元離れの風が吹いてくることに気づく。道元臭が急激に薄れていき、親鸞の口調がいつのまにか耳にとどくようになるからだ。

たとえば、

おろかなる身こそなかなかうれしけれ
　弥陀の誓ひにあふと思へば

そこからきこえてくるのは、ほとんど親鸞が晩年になってから書きはじめた和讃と同じ調べではないか。さきの「永平録を読む」とは打って変って、親鸞調が匂い立つ。同時に、これが同一人物の手になるものかとわが目を疑う、冗談のような辞世の歌までつくっている。

良寛に辞世あるかと人問はば
　南無阿弥陀仏といふと答へよ

良寛はどうやら道元の禅に心を寄せようとするときは、漢語系の言葉の海にわが身をひたそうとしている。それにたいして、親鸞の和讃の世界にこころを近づけようとするときは、いつのまにか和語系の和歌の泉に近づこうとしているようにみえる。漢語系の「心」と和語系の「こころ」の使い分け、である。

良寛はさきにもいったように、禅門に入って僧衣をまとい、出家僧の姿になったが、村の生活のなかで村人を相手に暮らしを立てているときは、非僧非俗の親鸞スタイルにあこがれていたようだ。聖の伝統といってもいい。

僧か俗かにこだわらない。出家か在家かに引きずられない、自在な「ひとり」がそこにいる。

近代の入口に立つ「ひとり」といってもいいだろう。近代人の良寛が、いわば親鸞と道元という二人の中世人をゆったり媒介する仕事をやっている。禅から浄土へ、浄土から禅へと橋わたしをしている自由人の「ひとり」である。

そんな良寛の道を歩いていけば、道元が親鸞のそば近く、もう一つの「ひとり」の道を歩いていた姿がみえてくるだろう。

第二章　道元の「ひとり」

深山幽谷でおのれを養え

道元の死場所が、わが家から歩いてわずか五分のところにある。

京都の下京区、四条通から西洞院通を下がり、高辻通で西に折れてすぐのところだ。

「道元禅師示寂《じじやく》聖地」

と刻む石碑が、そこに立っている。伝承にもとづいて、そのあたり、ということになったのだろう。

前にも書いたことだが、その西洞院通をさらに南に下って、松原通で東に入ると、こんどは、

「親鸞聖人御入滅之地」

の石碑が立っている。さきの道元示寂の地から歩いて五分ほどのところだ。そこから、さらに南にむかってとぼとぼいけば、やがて西本願寺と東本願寺の天を衝く大屋根がみえてくるだろう。

親鸞と道元は、ほとんど同時代を生きていた。晩年は二人とも京都に暮らしていたらしいから、あるいはこの西洞院通あたりで行き合っていたかもしれない。

道元の死場所のことから話をはじめたが、もちろん生気溌剌と活躍していた若い時分の道元の

主戦場は、福井の永平寺だった。深山幽谷とまではいかないにしても、権力の中心からはひき離された山間の奥地だった。

晩年、病いを癒やすため、京都の信者のもとへと向かい、西洞院に身を寄せていたのだった。しかし薬効あらわれず、永平寺に帰ることができないまま、そこが終《つい》の死場所になる。享年五十四。九十歳まで生きた親鸞とくらべれば、短命だったというほかはない。

今から四十年ほども前になるが、私はその福井の永平寺にのぼったことがある。

午前三時になると、遠くから振鈴の音がきこえてきた。それがしだいにせりあがり、闇を突き破るような響きとなって耳元を襲ってくる。

雲水が廊下の板をふるわせんばかりの勢いで駆け抜けていった。

僧堂の一日がはじまる。

私は心せくままに身支度をととのえ、坐禅堂に入った。頭の奥に、まだ疲れがのこっている。からだのふしぶしにも、ひきつるような痛みが走る。

私は道元を想うとき、いつも、あの振鈴の音とからだの痛みを呼びさまそうとしているかのようだ。振鈴と痛みが、七百年の時空を飛び越えて、私の全身に蘇る。

それが、禅の世界の奥底に深々とたたえられている「無」の領域への助走のはじまり、だったのかもしれない。

禅といえば、まず達磨《だるま》だろう。禅家の初祖といわれる菩提達磨のことだ。六世紀の人間とされるが、インド人であるのか、中国人であるのか、誰も確定できない。道元はその達磨をブッダ（仏陀）のあとを継ぐ師として尊重した。

達磨は、九年のあいだ壁に向かって坐り（面壁九年）、沈黙を守ったまま無の深淵について考えつづけた。口を真一文字に結んだ達磨の絵をみればよい。ムムムッ、と歯を食いしばっている。無に進入するための第二の宝が、臨済義玄《りんざいぎげん》である。九世紀の人間で、『臨済録』の著者として知られる。臨済はまぎれもない中国人だ。その名を後世に高からしめたのが、

無位の真人《しんにん》

の一語だった。真人とは、読んで字のごとく真の人間を意味する。そのような人間に、等級や位をさずけるほど愚かなことはない。無位でいい、無位でなければならない。無の場所に立つ真の人間、ということだろう。

鈴木大拙が、この言葉に惚れこんだ。その情熱と志が、みごとな翻訳を通して西欧世界にひろめられたのである。

無、列伝の第三の黄金の尺度が、無門慧開《むもんえかい》だったといっていい。『無門関』を編集した人物として知られるからだ。十三世紀の人物で、道元と同時代を生きた中国人である。この書物のなかでもっとも有名なのが、

「趙州無字《じょうしゅうむじ》」

の公案《こうあん》（禅の試験問題）である。『無門関』の冒頭を飾る第一則だ。

ある僧が趙州禅師に、

「犬にも仏性があるかね」

と問うた。禅師はすかさず、

「無！」

と答えたという。

こうしてこの「無」の一語が、その後のわが国の禅の伝統に激震をもたらした。近代にいたって、「東洋的無」（鈴木大拙、久松真一）、「絶対無」（西田幾多郎）の原典としてもてはやされるようになった。それが偏向し過激化して、「無にいたる病」を発症する温床ともなった。

道元は八歳のとき、母を失った。それで、出家の風にさそわれたのだろう。十四歳になったとき、比叡山にのぼって修行をはじめた。

やがて、山に失望する。仏法の伝統はすでに廃れ、尊敬すべき師がひとりもいなかったからだ。二年たらずで下山し、京都の建仁寺に入った。たまたま住職をしていたのが、明全《みようぜん》和尚。和尚にさそわれ、いっしょに中国に渡ったのが二十四歳のときだった。

めざしたのが、揚子江デルタ地帯の一角を占める天童山景徳寺だった。そこで、生涯の師、如《によ》浄《じよう》禅師に出会う。ときに二十五歳。

如浄の下で修行にはげみ、悟りとは何か、そのたしかな感触をえた。四年の中国滞在ののち、天童山を辞去するとき、師が弟子にいった。国王と権力に近づくな、深山幽谷でおのれを養え、と。

無の哲学の創始者

帰国した道元は、京都の深草の地に最初の道場をつくり、その後山城に十年ほど住した。が、やがて意を決して越前（福井県）に身を転じ、永平寺を開く。師のいましめを守るためだった。

道元が仏法の究極と定めたのが、坐禅である。ただ、ひたすら坐れ、ということだ。只管打坐《しかんたざ》、という。道元はそれが、インドのブッダにさかのぼる、譲ることのできない黄金の伝統だと考えた。中国の達磨＝ダルマ以降、変わることのない正統の仏法だと信じていた。

坐れば仏陀＝ブッダになる、坐れば達磨＝ダルマになる、と信じて疑わなかった。それ以外のことに心をわずらわすことなかれ……。にわかにそれを実践するようなことは、普通の人間にはとうていおぼつかないが、何とも胸のすくような言明ではあった。

坐って、坐りつづけて、道元はいったい何に近づこうとしたのか。どんな世界にわが身を運ぼうとしたのか。

おそらく、無に近づこうとしたのである。しかし、はたしてそんなことができるのか。そんな海のものとも山のものともつかないようなものに、生身の人間が近づくことができるのか。

が、われわれの視線をもうすこし下におろして、まわりを見廻してみよう。すると、われわれの日常世界に無私、無心といった言葉が、よく出てくることに気づく。無私の精神、無心の境地といった使い方も、すでにおなじみだ。最近では、スポーツや政治の分野でもやたらに使われだしている。

もっともそれらの言葉は、かつてほどの神通力をもうもってはいないかもしれない。ただ何かの拍子に、無心、無私という言葉が飛びだす。それをもち出したがる。世間のリーダーたちの不祥事を耳にしたりすると、たちまちそれがほとんど反射的に口の端に蘇る。

床の間や壁などにも、よく「無」といった文字を書いた額や掛軸をみかける。茶の湯や活け花の世界でも「無一物中無尽蔵」といった熟語に人気が集まる。無のなかに無限の宝がある、というわけだ。無常などという考え方も、無に強調点をおいている。世の中に永遠なるものは一つも「無」い、といっているからだ。

ところがはなはだ興味深いことだが、この無という表現のなかのどこからもニヒリズムの匂いが立たない。暗い気分が浸出することもない。いやそれとは逆に、無、無、無……と口ずさんでいるうちに、どこからともなく力が湧いてくる。すでに、無一物中無尽蔵が実感として五臓六腑にしみこんでいる。

無のイデオロギー、無の宗教というほかはない。そしてそれが、何事にも「こころ」「こころ」といわずにおれない、われわれの「こころ」好きの態度と通じているように思われてならない。

なぜならわれわれの感覚としては、無私とは私心（わたくしごころ）の無いことにほかならないからだ。こころを純化することで、はじめて無私の状態を手にすることができる。ココロイズムが無の宗教と表裏の関係をなしているといっていいだろう。

くりかえしていえば、無は無限に通ずる、という無の哲学である。

そしておそらく、このような無の哲学を原理的に考えようとした最初の人間が、わが国では道元だった。かれはたった一人で坐り、坐りつづけて、そのことを究めようとしていたように私は思う。道元こそ、まさに無の哲学の創始者と呼ぶのにふさわしい人間だった。

何も永平寺にかぎらないことであるが、禅の道場には一種の非人情といってもいいような無の風が吹いている。雲水も、その人影も、ときにふっとかき消してしまうような無の風が吹いている。そもそも深山幽谷に住めば、そのような風に吹かれるほかはない、と道元は考えていたにちがいない。

雲水たちが、永平寺の廊下を足早に歩いていく。一人、二人、三人……。その雲水たちの歩く姿がやがて影になり、禅堂の壁に吸いこまれ、庭先の樹立ちのかなたにまぎれ、廊下の奥の空間に消えていく。鼠が軒下に走り去り、猫が屋根裏の闇に走り去っていくように、消え去る。あとに残されているのは、物音ひとつしない、元のままの廊下、白壁、庭の樹立ち、それが眼前にひろがっているだけだ。

坐禅堂に入ってくる雲水たちをみてみよう。かれらの姿はすでに明暗のなかを漂う影絵のように厚みがない。血気が蒸発し、軽やかに風を切って歩いてくる。影の葬列が水平に移動してくる。やがて、堂内の壁にむかい、一人、二人、三人……と、つぎつぎに坐っていく。坐ったまま動かない。板のような、碑《いしぶみ》のような背中をみせ、呼吸の音すら消して大気のなかに身をすべりこませている。

時間の経過とともに、一つひとつの影がいつのまにか石と化している。樹に変じている。人の列が影の列へ、影の列が木石の列へ……。そのゆるやかな変容のプロセスを、禅堂そのものが演出している。それが道元の戦略だったのかもしれない。

人間の影になって、僧堂のなかに消え去れ！　夜のなかに融けこめ！

道元が永平寺で創造しようとした当のものが、そうした非人情の風にふれることだったのではないか。禅堂の空間にしみこませようとした当のものが、そのような非人情の哲学だったと思う。それがかれの「ひとり」の哲学だった。

非人情に徹しさえすれば、ということは雲水が雲水であることをやめればということだが、言葉が自在にあふれだす。白壁が問答の禅堂に変じ、庭前が詩の束をつむぎだすだろう。草木までが一幅の絵になって立ちあがってくるだろう。そのように道元は考えていたようだ。人間が消え、庭前の草木が身をおこして説法をはじめる。道元が説法をするのではない。眼前にあらわれる山川草木が説法をはじめるのだ。

一人きりになって坐りつづけている道元が、そこにいる。非人情の風に吹かれ、非人情の山川草木に囲まれて一人で坐り、一人で考えつづけている道元の真の居場所が、そこに現前してくる。道元における一人の現前である。

自己を無に近づける

動かぬ証拠がある。いうまでもなく、道元自身の証言である。かれの主著『正法眼蔵』、その冒頭におかれる第一章の「現成公案《げんじょう》」に、その決定的な場面が登場する。日々の道場で雲水たちに説法したものを、漢字かな交りの文章にしている。考え抜かれた言葉がまさに詩文のリズムにのって流露している。

仏道をならふといふは、自己をならふなり。自己をならふといふは、自己をわするゝなり。自己をわするゝといふは、万法に証せらるゝなり。

仏道を学習するとは、おのれ自身を学習することだ。おのれ自身を学習するとは、おのれ自身のことをすっぱり忘れ去ることだ。おのれ自身をすっぱり忘れることができれば、眼前の全世界が、ありのままの姿で立ちあらわれてくる——。道元はそういい切っている。

自己の完全滅却と輝ける全世界の現前、という事態である。ここでいう自己の完全滅却が、無への接近と没入のプロセスをあらわしていることはいうまでもない。このとき「万法」すなわち全世界、全宇宙がありのままに現前している。自己の無が、全世界の真の現前をはじめて可能にする。「自己をわするゝといふは、万法に証せらるゝなり」である。

その言明が、この『正法眼蔵』の第一章のタイトル「現成公案」の「現成」とつよく響き合っている。あるがままの姿の現前、と共鳴共振している。

道元が「現成公案」の冒頭においている「自己をわするゝといふは、万法に証せらるゝなり」の命題は、じつは『正法眼蔵』のどの巻を開いても変ることなく一貫して追究されている主題である。だが、そのなかでもっとも端的に、そしてもっとも分かりやすい形で物語化しているのが、第二十五章の「渓声山色」である、と私は思う。

「渓声山色」は、文章の質量ともに、『正法眼蔵』の各篇のなかでもまさに一大雄篇の名に恥じないといっていい。道元思想の精髄を示しているだけではない。道元が一生かかって主題にとりあげた、きわめて貴重な自己の体験をあらわす一章である。「自己を忘れる」とはいったいどういうことか、その公案に答えようとした作品である。

中国宋の時代に、蘇東坡（一〇三六〜一一〇一）という詩人がいた。道元より一世紀半ほど先立つ。かれはこの詩人の資質を高く評価していた。

蘇東坡が、あるとき江西省の名山、廬山を訪ねた。夜になって、渓川の流れの音がきこえてきたので詩をつくり、常総禅師にみせた。

渓声便ち是れ長広舌
山色清浄身に非ざること無し
夜来八万四千偈
他日如何が人に挙似《こじ》せん

（谷川の音が、今やまさに長広舌の真最中
眼前にみえる山の姿がまた、すべて清浄の気にみちて説法をはじめている。
あっというまに、八万四千の詩句が夜空に輝き出た。
ああ、これを何と人に伝えたらよいか）

常総禅師はその偈（詩）をみて、よきかな、と答えた。

この問答を、どう理解したらよいか。こんどは道元自身が、まさに道元流の「長広舌」にのり出していく。微に入り、細を穿ち、歴史をかけのぼり、哲理の蘊蓄を傾ける。論争家の道元が登場する。弟子たちの短見と常識を叱正してやまない厳格な教師が顔を出す。因果の論理を破砕する同語反覆をくり出す文章家の道元が出没する。

かれがそこで主張しようとしているのはただ一つ、法を説く主体は「渓声」と「山色」であって、自己の側にはない、ということだ。つまり、蘇東坡の詩句は究極において自己を忘れる消息を説いている、それを「ならえ」と道元はいっている。「自己をならふといふは、自己をわするゝなり」である。自己を無に近づけることにほかならぬ、といっている。そのとき、眼前の渓川の流れが大音響を発し、山岳の威容が大音声を響かせる。その天然の自然の背後から、八万四千の偈頌《げじゅ》が湧きおこる。

自己が渓声山色に吸収され、そこに融けこみ一体化している。ここで道元は、山河が悟っているのか、自己が悟っているのかと自問し、山河と自己の区別がそもそも無意味であると自答している。

同じような思考の回路を通してつむぎ出された禅の語彙の一つに、

柳緑花紅（柳は緑の葉を揺らし、花は紅に咲く）

がある。

渓声山色というのと同じことだ。渓声山色の同語反覆といっていい。この場面に「自己」なるものをもちこんで分析したり論理の展開をはかろうとすれば、たちまち矛盾撞着に陥るだけだろう。だから道元の筆法は、いわば渓声山色は柳緑花紅、と同語反覆する無限軌道を離れることがない。

こうして本篇「渓声山色」の最後も、

渓声渓色　山色山声

といい、

渓声山色八万四千偈

とつないで、筆を収めている。自己の無化を通して宇宙の無尽蔵が、同語反覆的に言語化されているのである。

無の絶対空間

永平寺の名物に「三黙道場」というのがある。沈黙を守るべき三つの神聖な場所、というほどの意味だ。

僧堂（食堂《じきどう》）、東司《とうす》（便所）、そして浴司（浴室）である。

ひとたびそこに入れば、一切音を立てずにことをすませよ、ということだ。無理難題の公案といっていいだろう。雲水たちはその三つの道場で、毎日のようにこの非人情の哲学の実践にはげんでいる。

むろん私のような門外漢も、ひとたび永平寺山内に入れば、その掟を守らなければならない。道元以来の遺風である。道元に参じようとすれば、沈黙道場に身をゆだねるほかはない。

その食堂で、雲水たちはいつも一切音を立てずに食事をとっている。飯を口に運び、汁をすすり、タクアンを嚥下するのに一切音を立てない。しかしそれくらいのことであれば、真似のできないことではない。難しいのは、椀や皿を上げ下げするときだ。カタッ、コトッと、器物のぶつかり合う音がどうしても立つからだ。それが静寂の空間を切り裂き、天井までとどろくような大音響にきこえる。

だが雲水たちは、器物のぶつかり合う音を立てずに、さり気なく食をすすめていく。なぜ、そんな離れ業のようなことができるのか。よくみると、椀や皿の上げ下げ、箸の上げ下ろしに、かれらはいちいち両手をそえている。気の遠くなるような単調なくり返しである。だが、その両手両腕の単調なくり返しのなかで、一切の音が消されていく。食欲を満たす生々しい動物感覚が、影絵のような食事作法へと変容をとげていく。

驚かされるのは、その影絵のような所作が、目の覚めるような美しいからだの動きになっていることだ。シンメトリカルなからだの形が、揺れるような明暗のなかに浮かびあがってくる。禅の空間が演出する、一瞬の美の閃光である。食の作法が、非人情の絵になり、詩になる瞬間である。

ちなみに、東司における沈黙とは、地上のどこにいても身をつつしむことを忘れるなという掟のようであり、つぎの浴室での沈黙も、身心の汚れを落とすのに最小限の湯水をもっておこなえ、といういましめのようであった。

道元が真に追い求めようとしていたものは、よくよく考えると、まことに儚いものだったのかもしれない。影絵のように空寂としたものだったような気がする。

そしてそこにこそ、道元のいう、一人で坐り、一人で考える原点、いってみれば無の絶対空間が、存在していたように思う。

永平寺という空間は、その有るとも無いともいえないような、はるかな伝統を映しだす鏡のような場所、だったのだろう。

何も、永平寺の禅堂にかぎったことではない。われわれの日常の座敷にひとり坐って、周囲を注意深くうかがってみよう。その座敷の空間が、いつのまにか自然にたいして微妙に反応しはじめていることに気づくはずだ。

たとえば陽が射してくると、そこにあたかも生きもののような気配がただよう。光の粒子が白い障子のあいだを、いともやすやすと通り抜けて、座敷のなかに侵入してくる。陽が妖精のごとく躍っている。

だが、ふりそそぐ陽の光は、ひとたびそこに敷かれている青々とした畳にふれるや、たちまちそのなかに吸いこまれてしまう。陽光の輝きが和らげられ、陰翳の波紋が広がっていく。また別のコースを直進する光の粒子は、襖の障壁に突きあたって四方に散乱する。陽が厚い壁にぶつかって反射し、明るさを回復させる。いったん和らげられた陽光が、ふたたび輝きをとりもどす。けれどもその自然の陽光が消え失せるとき、座敷はたちまち死の淵に沈んでいる。

いわば座敷は自然と交感している、あるいは自然と対話を交わすことで成り立っている。その座敷にひとり坐るとき、いつしか自然が明暗の万華鏡のなかで生気をとりもどしている。峨々たる山容が語りはじめ、はげしくほとばしる清流が対面する者の胸のうちに流れこんでくる。

道元のいう渓声山色が現前するときである。

失意の道元

道元は京都の地を離れて、遠く越前の山奥に分け入ったが、一度だけ、その山を出て関東の鎌倉に向かうことがあったという。幕府の執権・北条時頼に招かれたからだった。そういうことになっている。

ただ伝承によれば鎌倉には半年ほどいただけで、あわただしく山にもどっている。かねて私は、山を出て鎌倉に向かう道元よりも、鎌倉をあとにふたたび山に向かう、鬱屈した失意の道元の方に興味があった。なぜ、失意の道元なのか。そのときのかれの心意を探るのが、こんどの永平寺への旅の目的でもあった。

道元の跡を追う季節は、やはり真冬がいい。

はるばる鎌倉までやってきてつくったといわれる和歌がのこされている。

春は花夏ほととぎす秋は月
　冬雪さえて涼しかりけり

道元の山をたずねるのに、ほととぎすや月はどうでもいい。花はあっていい気もするが、やはり大雪にとざされた冬の永平寺が捨てがたい。「冬は雪がさえて、涼しい」――そんな言葉を、道元の歌にふれるまで私はきいたことも見たこともなかったのだ。同行することになった編集者の今泉さんも大畑峰幸さんも冬の山に入ることに賛成してくれた。

コースの予定は例によって今泉さんが立ててくれた。鎌倉で集合し、ゆかりの地を訪ねる。そのあとは電車と新幹線をのり継いで名古屋まで。そこからは四輪駆動のレンタカーで越前街道をさかのぼり永平寺へ向かう。

出発の日は、十二月十八日の早朝。私は前日に東京の仕事をすませ、十七日の夕刻に鎌倉の宿に入っていた。タクシーで駅前のせまい賑やかな街を抜けでると、晴れ上った海岸にでた。つよい風が吹き、荒れた波頭が背を立てて押し寄せてくる。空には千切れ雲が頼りなげに浮んでいた。久しぶりの七里ガ浜だった。整備された沿岸を一直線に走っていくと、はるか前方に麓まで深々と白雪をまとった富士がみえてきた。すでに日本列島の各地に大雪の警報が出されていた。

ふと、疑問がわく。道元は七里ガ浜の海を見る機会があったのだろうか。海のかなたに富士を望見することがあったのだろうか。そんな道元の文章に出会ったことがどうも思いだせない。そこが親鸞の場合と異るようだ。親鸞の文章には、いたるところ海をめぐる言葉が出現するからだ。

もっとも道元はすでに東シナ海をわたって中国に留学している。その命がけの体験を思えば、鎌倉から眺める海など、あらためて語るほどのものではなかったのかもしれないが……。

当日の朝の午前九時、約束通り鎌倉駅東口で二人と落ち合う。

出合い頭、今泉さんが歎息まじりに、

「いやあ、大雪で、越前方面はいたるところ通行止めですよ」

という。

このところ、日本列島は異常気象に見舞われ、各地に甚大な被害をもたらしていた。北海道、東北地方がひどくやられている。日本海上を東に進んだ温帯低気圧と、本州の南海上を北東に進む温帯低気圧、これが重なって急速に発達し大雪やつよい風をもたらした。

そういえば、七里ガ浜に吹きつけていたつよい風も、麓まで大雪の衣をまとっていた富士の姿もそのためだったのだろう。

われわれの旅も、出直すつもりで方向転換するほかはなかった。

じつをいうと鎌倉の地には、道元の足跡をうかがわせるようなものがほとんどないのである。そのことで、道元の鎌倉下向を疑ったり、否定したりする意見がこれまでもくり返し呈出されるほどだった。

ただ、かれの伝記や法話のなかに、鎌倉下向をうかがわせるような言葉が出てくるので、それがこの問題を考える上での悩みの種だった。それらの伝承の断片を集め、研究がつみ重ねられてきたが、なかなかすっきりした説明がつかない。

ようやく、平成十四年（二〇〇二）三月になって、事態がすこし動いた。ともかくも、この鎌倉の地を訪れたであろう道元の事蹟をたたえる記念碑を、永平寺本山の発議で建てようということになったのである。

それでまずは、その場所をたずねてみようというのが、われわれのこんどの旅のさしあたりの目標になったというわけだった。

顕彰碑は、鶴岡八幡宮の西側、鎌倉街道沿いの美しい樹林を背景に建てられていた。鎌倉駅から歩いて七、八分のところだ。碑は、七〜八メートルはあろうかという大ぶりの自然石の形をしていた。そのでこぼこした表面には、力を抜いた柔かな筆遣いで、「只管打坐」の大文字が刻まれている。ただ、ひたすら坐りつづけよ、という意味である。

道元が鎌倉くんだりまでやってきたのは、たんに権力者の要請によってだけではなかったのだ、といいたかったのかもしれない。

碑文を書いたのが、当時、大本山永平寺の監院（総責任者）をしていた南澤道人《みなみざわどうにん》老師である。

碑文の内容はおよそつぎのようなものだった。


禅師が越前から鎌倉に入られたとき、四十八歳だった。

越前の有力地頭だった大檀家の波多野義重が、幕府の意をうけ懇望してきたため、はるばる鎌倉まで足をのばされた。

中国留学時代の師、如浄禅師が、権門に近づくなと日頃いましめていたのに反する行為だったことを配慮し、ここでは「只管打坐」の誡をつくす師の志を思い、碑文に刻すことにした。

禅師がこの地に滞在されたのは宝治元年（一二四七）八月三日から翌宝治二年三月十三日までのおよそ半年余のあいだで、名越白衣舎《なごえびゃくえしゃ》など近在を転々とされた。その間、執権・北条時頼および妻室などに法を説かれた。

鎌倉を去って帰山したあとは、五十四歳で遷化されるまで、永平寺にとどまって門弟教化のため尽力された。

のち室町の代になって、五山僧のなかにつぎのようなことを記す者がいた。――禅師は鎌倉滞在中、日々、統治のため懊悩する時頼公にたいし、大政を奉還し、出家入道することを淡々と勧めておられた、云々。

顕彰碑建立の地を鶴岡八幡宮に隣接する場所に選んだのは、参詣者の利便のため、観光客の注目を集めるためだったのだろう。

その重々しい内容の撰文と、流麗な「只管打坐」の四文字を見上げ、写真に収めて退去することにした。あとは手がかりになるようなものは、何ひとつなかったのである。

道元の鎌倉下向

顕彰碑をあとにして、われわれはこんどはタクシーで日蓮ゆかりの場所をめぐることにした。道元を終えたあとは日蓮、という目論見が私にあったからである。鎌倉の地はその日蓮再訪の折に、まったく違った姿をみせるはずだった。

若宮大路をはさんだ反対側の妙本寺に向かったとき、細い街並みのなかに細長い大きな石碑が建っているのをみつけた。タクシーを止めて見上げると、「日蓮大士辻説法之霊跡」と書かれた、勢いのある文字が目に飛びこんできた。それはいまみてきたばかりの「只管打坐」とは対照的な、いかにも日蓮その人がそこに突っ立っているかのような趣きだった。

天気はいよいよ晴れ上り、しかし越前、北海道方面から伝えられる情報では、ますます悪天候がつのり、各地に大雪と大風を呼び寄せている。

二人ともあきらめ顔、私の方も思案投首で、喫茶店に入って一息入れることにする。何ごとも俊敏な大畑さんが永平寺にことわりを入れ、宿泊をキャンセル。計画を練り直す。何しろ新幹線も、名古屋―米原間でかなりの遅れがでているという。

いたし方なく、私は鎌倉駅からタクシーにのって新横浜に向かい、二人は東京にもどることになった。

一年前（二〇一三）のことだった。材木座海岸にある浄土宗大本山の光明寺を訪ねたが、その帰りに車にのせられ、新横浜に向かって走ったことがある。そのときの記憶が蘇り、同じ道を行くうちに、疲れからかうとうと眠りこけていた。

樹々が飛ぶように去り、陽の輝きがかげり、うっすら靄のかかったような空と山の姿が浮かび上っていた。

遠くの視野のなかから道元がとぼとぼ歩いてくるのがみえた。網代笠をかぶり、杖をついている。それがときに大きく眼前に迫り、いつのまにか小さくしぼんでいく。小さな背中をみせて、しだいに消えていった。

もし伝承の通りだとすると、道元が鎌倉の地にはじめて足を踏み入れたのが、先述したように宝治元年（一二四七）八月三日。

とすると当時この地には、無惨な大量殺戮の余韻があとを引いていたはずだ。いたるところ血煙りが立ちこめていたのではないか。

そのことを知って、時頼は下向を要請し、それを道元が受けた。しかし本当にそうだったのだろうか。

そのころ鎌倉では、源氏三代がすでに滅んでいる。源頼朝は事故死、頼家と実朝は暗殺。土着の権力北条氏の内紛がつづき、王朝貴族の血を引く将軍職との抗争がそれにからむ。

この敵対者絶滅、ないしは殺戮の原理が着々と進行するなか、二十になったかならないかの北条時頼が執権職につく。寛元四年（一二四六）のことだ。

間髪を容れず、骨肉の争いが火を噴く。時頼は将軍側についた北条一門の名越氏を襲撃して、そのトップを自殺に追いこみ、返す刀で前将軍を京都に送還している。

年が明けて宝治元年（一二四七）、ひとまず権力をにぎった時頼はふたたび攻勢にでる。評定衆だった三浦泰村が前将軍方に味方していると難くせをつけて、戦いをいどむ。泰村は弟とともにその術中にはまり、結局三浦一族と近親を含めた五百余人が、ことごとく頼朝の墓があった法華堂で自殺してはてた。ときに六月五日。

このときの戦いを「宝治合戦」という。

だが、時頼はまだ手をゆるめない。かけのぼりはじめた急坂は、一挙にのぼりつめなければならない。

宝治合戦からほとんど間をおかず、かれは上総の豪族千葉秀胤《ひでたね》を討って、これを殺している。

こうして時頼の電光石火の早業が、三浦氏、千葉氏といった幕府創建いらいの雄族を叩きつぶすことにつながったといっていいだろう。

もしもそうだとすると、道元が鎌倉に姿をあらわしたのは、まさにその宝治合戦の惨劇が終幕を迎えたときから数えて、わずか二ヶ月たらずの時期だったことになる。かれは地の底からきこえてくるうめき声をきいていたのではないだろうか。怨念の叫び声が大気をふるわす気配を感じていたはずだ。

タクシーの座席に身をしずめ、うつらうつらしているうちに昔の古びた年表の頁を繰っていたのだろう。突然、妄想の糸が切れた。脳のはたらきにブレーキがかかり、闇が広がってくるようだった。

道元が時頼の面前にすすみでたとき、時頼はどんな表情をしていたのか、それにたいし道元の目は、いったい何を、どのように凝視《みつ》めていたのか。そこへつながる連想が途切れてしまっていた。

二人の対決の様子がにわかに混濁し、そのまま上下に揺れて実体のない泡つぶとなって消えていった。

いつしか、新横浜に着いていた。新幹線にのりかえてホッとしたが、疲れが肩と背中にはりついている。道元と時頼の顔も、いぜんとして凍結したままだった。かれらはいったいどんな対話を交していたのか。それが皆目見当がつかない。それよりも、そもそも対話が成り立ったのか。

そこから、こんがらがった糸がすこしずつほぐれてきた。妄想にふたたびスイッチが入る。『吾妻鏡《あずまかがみ》』という史料がある。前・後二編に分かれるが、前編と後編では性格がまるで違う。前編は北条政権創出の物語、たいして後編は怪魔と怨霊が立ち騒ぐ物語、といってもいい。

それがどうして『吾妻鏡』という連続する一編の歴史書とされたのか。もっともこの書は北条政権の立場から書かれているので、曲筆が多いともいう。

細部をはらっていえば、前編は頼朝、頼家、実朝の源家三代にわたる幕府公式の政治記録である。後編はそれにたいして、頼経、頼嗣、宗尊親王という、京都の皇孫の血を導入した貴種三代にわたる将軍世代の記録である。北条政権が、はじめ源家の血統を権威のよりどころとし、のちに王家の血統にのりかえていったいきさつがわかる。

その戦いの、いわば要の役割をはたしたのが、まだ人生経験の浅い北条時頼だった。

前編の記述は、ひろく政治、戦記、武士道におよぶと同時に法制、風俗にも力をそそぎ、叙事的色彩に富む。文章も暢達である。

ところが後編に入ると、とたんに儀式典礼にかんする記事が多出しはじめる。やたらと天変地夭の発生にかんする情報が飛び交い、その除去を願う祭祀、祈禱、呪文の儀礼が全編を覆いだす。その背後に、死と暗殺と大量殺戮の記憶が生々しく横たわっていることをうかがわせずにはおかない。行間には、闇の底に沈む限りない怨念の群れが、声なき声を地上にとどろかせていることが、嫌でも読む者の胸に迫ってくる。その群れの中央いちだんと高いところに、根絶やしにされた源家三代の霊が重苦しくうずくまっている。

そのようにみてくるとき、この『吾妻鏡』の前編と後編が、若くして独裁権力を掌中にした時頼の懊悩する姿を、それこそ前後から照らしだす、またとない二つの光源であることがわかる。

ところがこれまでの歴史記述の大半は、幕府をめぐる政治過程をもっぱらその前編によって分析することに終始してきた。返す刀で、後編をたんなる宗教史的な副次史料としか扱わなかったことに気づく。『吾妻鏡』の前編と後編を分断することによって、北条時頼という政治的人間の内面を真っ二つに断ち割ってきたといってもいいのである。そのことによってこの時代の歴史が、われわれの現実感覚から遠くへだてられてしまったのだ。

くり返していえば、この年道元は四十八歳、すでに成すべきことを成し遂げた壮年の盛りにある。ところがかれに対面する時頼は、弱冠わずか二十一歳。二人のあいだには親子ほどの年齢のひらきがある。しかも時頼はすでに二十の若さで政治の陰惨と人間の地獄をみてしまっている。たんにみただけではない。その陰惨な地獄のなかを、みずからすすんで生きてしまった。たとえ武士の世のならいとはいえ、あまりにも密度の濃い人間殺戮のドラマをかいくぐって生きのびてしまったのだ。かれは政治家としての自分の力量に自信をもったであろう。権力者として向かうところ敵なき傲岸さをすでに身につけていたにちがいない。

だが、ひとりの人間として、まだ二十代にさしかかった青年としてみるとき、精神的に安定するなど思いも及ばないことだった。多くの親族や一族を追放し、殺害することによってはじめて執権の座につくことができたからだ。そのかれが一族や一門の怨念や亡霊に苦しめられなかったはずはない。現に時頼は執権職に十年とどまったあと、二十九になって早々に出家している。こうして幕府の後見をつとめながら、七年後に三十六歳でこの世を去った。

かれが出家したのは、禅僧の手びきによってである。中国からやってきた蘭渓道隆や兀庵《ごったん》普寧などの僧を迎えて、みずからも参禅し、かれらのために建長寺などの寺を建ててもいる。その晩年、いかに禅に熱中したかは、さきの『吾妻鏡』にくわしく記されている。『吾妻鏡』後編に頻出する鎮魂儀礼の、異常なまでのものものしさの背景がそこに横たわっていた。

しかしそれにしてもと、不審の念がめぐってやまない。「宝治合戦」を戦い抜いた直後の時頼を前にして、いったい道元がどんな言葉を発したのか、いったいいぜんたい何を説こうとしたのか。それが分からない。その言葉がいぜんとして立ち上ってはこない。

車窓に流れる光景に目をやりながら、私は道元と時頼のあいだに交されていたかもしれない対話が浮かび上ってこないことにいらだっていた。その対話の内容は、あいかわらず雪のなか、風雨のかなたに凍結されたままだった。

そのときの時頼の恐れと苦悩に、懺悔の火がともっていたとはとても考えにくかったのだ。その内面に精神の成熟を期待できるほどの時間は、まだ流れてはいない。

道元は絶望し、そして沈黙したのではないか。それがギリギリのところだったのではないか。

道元はこのとき、鎌倉に下向してきた自分の行動の誤りに気がついたはずだ。その想いは胸中を一気にかけ抜け、世俗伝道への意欲が急速に萎えていくのをどうすることもできない。意気ごんではみたものの、その在家志向は鎌倉において、時頼との会話を通して無惨にも砕け散ったにちがいない……。

ふと、胸の奥でつぶやく声がきこえてきた。

道元の鎌倉下向は、やはりたんなる噂話だったのではないか。祖師や開祖の物語によく出てくる聖者伝説の一つだったのかもしれぬ。それがとりわけ道元と時頼を対決させるフィクションをふくらませてしまったのだろう。このことについて鎌倉の地に証拠らしいものが何一つのこされていないのもそのためか。

妄想がフィクションの噂話と重なる。

道元の肉声

列車は、ようやく名古屋に近づいていた。窓の外をうかがうと、雲行きがだいぶ怪しくなっている。今朝みてきたばかりの「只管打坐」の四文字が、風に吹かれて頼りなげに揺れている。それがそのまま意識の底の方に沈んでいく。

一つだけ、気になる記録が、しこりのように疲れた頭の中にのこっていた。そこで道元は、自分の鎌倉行きについて語っているからだ。鎌倉下向を推測させる史料の一つであることは間違いない。ただ、そこに北条時頼の名はまったく出てこない。誰に会って、何を話したかも分からない。その内容はもしかすると秘匿されたのかもしれない。

とすれば何が、何故に、秘匿されたのか、隠されたのか。それも判然としないのだが、ただそれを読んでこちら側に確実に伝わってくるのが、道元の語る口調の強さである。まなじりを決したような意志の激しさ、といってもいい。

やはりその肉声をきいてみなければなるまい。史料とは、『道元和尚広録』と称する書物だ。『永平広録』ともいう。問題の箇所がその「第三」に出てくる。

自分は昨年（宝治元年）の八月はじめに山を出て、鎌倉に向かった。俗弟子に説法するためであったが、昨日帰山した。人は、あるいは私に問うかもしれない。どうして俗弟子などのために、幾山河を越えて鎌倉までいったのか、それは俗弟子を重んじ、出家僧を軽んずる行為ではないかと。また、わざわざ鎌倉までいって説かなければならない特別の仏法でもあるのかと。

そんなものはもちろんないだろう。自分はただ、善を修める者は成仏し、悪をつくる者は地獄におちる（修善の者は昇り、造悪の者は堕つ）、といってきたまでだ。諸君に自分のこの気持がわかってもらえるだろうか。

ここには道元の万感の想いがこめられていたのではないか。人間としての感情も率直に吐露されている。かれは、この弟子たちを前にした法話のなかで、鎌倉で説法した相手をただ「檀那《だんな》俗弟子」とだけいって、時頼と他の人間の実名を出してはいない。たんに口に出していうのをはばかった、というだけではないだろう。おそらく口に出していうことに、かれの気持が耐え得なかったのだ。その思いの激しさが、「修善の者は昇り、造悪の者は堕つ」という、突き放したような、鋭い語調のうちに噴きあげている。

道元はこの法話をしめくくるにあたって、最後に、つぎのように語っているのである。

自分はこんど半年以上も山を出て生活していたが、太陽がポツンと虚空にただよっているようなさびしさを覚えた（孤輪の太虚に処るがごとし）。こんど山に帰ってきて、雲でさえ喜びの表情をあらわして迎えてくれているではないか。自分の山を愛する気持は以前よりもますます強くなった。

鎌倉にいるときの道元は、まさしく「孤輪の太虚に処《お》るがごとし」であったにちがいない。さびしい、孤独なひとりの中にうずくまる道元の姿である。

しかし、帰山したとき道元は、さすがに自己を取りもどしていた。そこは永平寺を取りかこむ雪深きところ、歓喜に胸うちふるわせる、凜としてひとり立つ道元が蘇っているのである。

気がつくと、関ヶ原あたりで暗雲に閉されていた空はやや明るさをとりもどし、列車はしずかに京都にすべりこんでいた。

とはいえ、神経につきささったままの幻想とフィクションのもつれは、まだ解決をみたわけではなかった。解決をみないどころか、困ったことにそのもつれが膨らんだり縮んだりしはじめている。

もしかすると「修善の者は昇り、造悪の者は堕つ」というのは、道元自身のことをいっているのかもしれない。われ過てり、の気持をその言葉に託していたのではないか。そんな疑いが鎌首をもたげる。

鎌倉では「孤輪の太虚に処るがごとし」と告白してみせたけれども、山にもどってきたときはその孤立した自分自身をさらに鞭打つほどに激したのかもしれない……。

揺れている道元が、そこにいる。

気がつくと、道元の後ろに近づいてきた親鸞の姿がみえた。その親鸞が、顔をのぞきこむようにして道元の肩を叩いている……。

山、山、山

年が明けて、雪の季節が去っていた。ふたたび腰を上げる。お彼岸に入った三月十九日の朝、われわれはこんどは名古屋で合流し、越前の目的地に向かうことにした。

例によってレンタカーを借り、運転は今泉さん、助手席に大畑さん。私は後部座席にからだを沈め、勝手気ままをきめこむ。街を走り抜け、中部縦貫自動車道にのって、一路永平寺を目指す。道路は長良川沿いにくねくねつづき、人家がしだいにまばらになっていく。遠く近くに、なだらかな山並みがあらわれてきた。それが噴きあげてくるような濃い霧に包まれて、たちまち消えていく。

車は、そんなことには頓着せず、ひたすら走りつづけている。

道元がはたしてそのあたりの道を歩いていたのか、それはわからない。これまで、道元の歩いた道について実地調査にもとづく研究があったということも聞かない。もちろん学説らしいものがあるわけでもない。

ならばというわけでもなかったが、こちらで勝手に見当をつけるほかはなかったというのが実情だった。

鎌倉からのルートを想像した場合、道元は東海道を辿り、名古屋近辺から山中に入って永平寺に向かったのではないか、そう考えてみたのである。鎌倉にでかけていくときも、その道を選んだのではないか。

京都や琵琶湖に出たり、北陸道経由ではあまりにも遠回りすぎる。永平寺と名古屋を結ぶルートなら、越前街道、美濃街道などの古道が思い浮かぶ。福井から岐阜へ、そして愛知への山越えの古道だ。

その山中が、じつは人知の及ばない、そして調査の手がなかなか入らない秘境のままのこされている、——そういったのが柳田国男だった。その秘境を、今日では縦貫自動車道がほんの表層をかすめるほどに通っているだけなのだろう。

それでも山ふところの深い谷間に、ときに小さな集落があらわれる。それもたちどころに道なき道の彼方に消えてしまう。

道元の名に道の字がくっついているのが、何とも不思議な光景にみえてくる。一人前の大人がそこに迷いこんでいるようにもみえる。道の文字がよほど気に入っていたのかもしれない。かれは自分の名を書くとき、道、道、とつぶやいていたのだろう。

車に揺られているうちに、いつものことで眠気がさしてきた。ゆっくり移っていく眼前の光景が、いつのまにか過去の不確かな思い出を喚びさましている。

もう十七、八年前になる。

北陸路をたどって能登の門前町に行ったときのことだ。門前町といえば、今日ではさびれてしまったが總持寺の祖院のあるところである。

じつは道元が礎をきずいた曹洞宗には、永平寺派と總持寺派という二つの門流がある。門前町はその總持寺派の本山だったところだ。

道元の死後、弟子たちの一派が山奥の永平寺を出て、新しい伝道活動をはじめる。その最初の拠点となった場所が、日本海を眼前にみる能登半島の門前町だった。曹洞宗はその後、全国に教線をのばしていくが、その前線基地というか、布教の橋頭堡になっていったところだ。

時代が降り江戸時代になると、北前船交易で賑わうようになる。新しい文物が流入し、各地の商人たちが集まってくる。豪商があらわれ、その財力で總持寺が発展していった。

しかし、明治になって火災にあう。宝物や遺産の多くが焼け、それを機に總持寺の本山は神奈川県の鶴見に移ってしまう。

もっともかつての伽藍規模の威容は、面影だけだが今日でもうかがうことができる。それで、さきにもいったように門前町の「祖院」と呼ばれるようになったのだろう。

私が訪れたときも、門前町にある總持寺の祖院は日本海に面していた。海岸に建てられているわけではないが、祖院の裏山にのぼると海がみえた。ここで修行したかつてのお坊さんたちは、僧堂で坐禅を組むと同時に、はるかに望見できる日本海にむかっても瞑想にふけったのではないだろうか。心が宇宙にむかって開かれ、からだのエネルギーが遠心力の流れにのって、しだいに広がっていく。そんな僧堂の暮らしだ。

だが、總持寺の祖院を見た眼で永平寺をふり返ってみると、違った光景があらわれてくる。なぜなら森の中に鎮まるそこが、山の禅の根拠地として蘇ってくるように思われるからだ。

永平寺からは、どこを見廻しても海は見えない。みえるのは山また山であり、森また森、である。山の禅は、徹頭徹尾、求心的で内面的であるほかはない。瞑想のベクトルはつねに内心をみつめ、内面を掘り下げる方向に作動する。そこに永平寺の禅の特徴が隠されているにちがいない。軽い眠りのなかで、山と海の光景が交錯する。海の瞑想と山の夢想が入り交っていたようだ。車はあいかわらず流れるように走っていく。

ひさ方ぶりの永平寺

道元は若くして中国に渡り、天童山の如浄について仏法を学んだ。その「仏法」のなかでもっとも重要なものが、ひとりで坐りつづけること、すなわち只管打坐の修行であることを教えられて、日本に帰ってきた。

その「只管打坐」が、ついさきごろ鎌倉の地でふり仰いだ石碑の文字と重なって揺れている。道元は帰国後まもなく、中国における自分の体験にもとづいて、禅入門の書物を著している。それが『普勧坐禅儀』である。日本で仏陀の坐禅、坐法について書かれた最初の入門書だった。「普勧坐禅」とは広く坐禅をすすめる、という意味だ。只管打坐の勧め、である。

人間がじっと坐っている姿は、石が大地にすえられている形に似ている。人間が坐りつづけて、そのまま息をとめて凝固すると、たちまち石に変貌するだろう。達磨の面壁九年（九年間、壁に向かって坐りつづけていた！）という話なども、そのようなイメージのなかで語りつがれてきたのである。

私は達磨の禅も、天童山の如浄の禅も、そして永平寺の道元の禅も基本的には山の禅であったと思う。山中における求心的な禅であったと思う。

それがやがて總持寺の時代をへて海の禅をつむぎだすようになったのではないだろうか。求心的な山の禅、遠心的な海の禅、——そういった対照があってもいいだろう。

車は郡上八幡を通過し、岐阜大和から白鳥を抜けて走りつづけている。九頭竜川と美濃街道が並行したり交錯したりする道を行くうち、あっというまに峠を越える。

長いトンネルをくぐり抜けると、もう福井県の大野市に分け入っている。両側に濃いガスが立ちこめ、白山山地の広大な森が迫ってくる。光景が一変し、下を見ると谷が深く抉られ九頭竜川の急流が目に飛びこんできた。その名の通り、水の流れは九頭の竜蛇が身をくねらせるように奔《はし》り、しだいに川幅を広げ、ときに渦巻く。

山道は白山のふところから出て、けわしい降り道になっていた。そこを走っていく。曲りくねる狭い道を行くのに、車はスピードをすこしもおとさない。思わず、声をかける。

「ハンドルを切りそこなえば、たちまち地獄へ逆落しだなあ……」

無言の答えが返ってくるだけだった。九頭の竜蛇とたたかうには、それしかないかとあきらめる。

大野から永平寺までは、ふたたび眠気をさそうような平坦な田舎道になっていた。とぼとぼ歩いていく道元の姿がちらほら見え隠れする。ゆっくり、やすむことなく歩きつづけている。こちらは車のなかで眠りこける。これでも道元の跡を追う旅か、いやこれも道元にまみえる旅だ、そうつぶやいている。

やっと、車が永平寺の山内にすべりこんだ。大きな山門が出迎えてくれている。それをとり囲むように、古色を帯びた杉の巨木が空を覆っている。首をのばして見上げる。

名古屋を朝の九時に出発して、山門の根元に到着したのが午後二時半、五時間を超える山越えの旅だった。山門の脇に建つ吉祥閣で、三名の宿泊の手続きをする。

永平寺副監院の丸子孝法老師と、『傘松』誌の編集室室長の高山幸典老師が丁重に出迎えて下さる。丸子老師のご自坊は奈良県の桜井市にあり、平等寺の住職を勤めておられる。

お話をうかがって驚いた。その平等寺はかつて三輪明神大神《おおみわ》神社の境内にあったのだという。神仏習合時代の神宮寺で、開基は聖徳太子と伝えている。中世の盛時には十二坊舎の伽藍をかかえる名刹だった。その伝承にもとづいて、今日では三輪山平等寺と名乗っている。

もうお一人の高山幸典老師は、さきにもふれたように大本山永平寺が発行する宗門の機関誌『傘松』の編集を担当されている。以前私は、その雑誌に一年間にわたり連載したことがあった。お目にかかることはなかったが、原稿のやりとりでお世話になっていた。

吉祥閣に入ると、ほどよく暖房がきいていて、からだが緩む。けれども外はまだ雪が残り、高い樹々のあいだを強い風が吹きつけている。お彼岸の最中だというのに……。

部屋は十五畳はあろうという大部屋で、三人がゆったりした川の字になって寝ることができそうだ。

若い雲水がお茶を運んできた。身だしなみの心得を言葉すくなに説明してくれる。部屋を出るときは、両手を胸の前で重ねて歩く。叉手《しゃしゅ》という作法である。そのときは言葉を交すことも禁じられる。食事のときはもちろん、厠に行くときも浴室を使うときも、声を発することができない。要するに、沈黙を守れ、ということだ。

四十年前のことが蘇る。そのころ私は駒澤大学の教師をしていた。たまたま夏の真盛りに、教職員の研修旅行に加わって永平寺にのぼる機会があった。三日間だけ参禅の手ほどきをうけて下山したのである。

作法そのものが仏法

永平寺の三黙道場は、やはり昔のまま健在だった。

そこにやっとの思いでたどりついたときは、さすがに疲れがたまっていた。早々に入浴をすまし、僧堂お手製の精進料理をいただいて、九時には床につく。昔の研修旅行のときは、季節が真夏だったのでやぶ蚊に苦しめられたが、今回は違った。空調がきいて、館内には清浄な空気がほどよく漂っている。

消灯のあと、終日運転が幸いしたのだろう、今泉さんはぐっすり寝ついた様子だった。それに引きかえ、深夜作業を習い性とする大畑さんはうつうつと寝つかれなかったようだ。私もからだは横たえているものの、眠っているのか半ば覚めているのかわからないような状態だった。

それでも、朝はくる。まだ暗いなかを四時に起きる。あわただしく身づくろいをして、洗面所へ。冷たい水で口をゆすぎ、顔を洗う。

そういえば道元が、まことに清潔好きの人間だったことが思い浮かぶ。洗顔や洗浄の作法については もとより、弟子たちが口臭を発することを嫌い、歯をみがき口をゆすぐことに神経質なこだわりをみせた。

たとえば主著『正法眼蔵』にでてくる「洗浄」と「洗面」の二巻をみてみよう。そこには、徹底的に不浄を厭う道元の、生理的な清潔感のようなものが生々しく描かれている。それが日常的な生活場面におけるかれの倫理的な潔癖性に通じている。

道元の作法重視の態度は、この清潔感覚と三默道場に守られてしだいに成熟していった、といえばいえるだろう。もう一つ、道元の清潔感覚は、平安貴族にみられる死の穢れを極端に忌む傾向と呼応するものだったのかもしれない。

御所の周辺で犬が死んだので、その日の政務が中止になったという記述が、当時の貴族たちの日記には出てくる。道元もそのような貴族の血筋に生まれている。日本の禅の特質はその辺に由来するのかもしれない。一般にいわれる日本人の清潔好きというのも、おそらくそのことと無関係とは思えない。

四時半、坐禅堂に入る。われわれの部屋は吉祥閣の三階だったが、その四階が一般信徒たちのための坐禅堂になっていた。階段を一段一段ふみしめるようにのぼる。

雲水の指導で坐蒲《ざぶ》に坐り、壁に向かう。坐禅堂に入ったのは、われわれ三人のほかに一人だけだった。参拝のシーズンオフだったのだろう。

姿勢を正し、呼吸をととのえる。沈黙の時間が流れていく。三十分ほど経ったころだった。突然、隣りの大畑さんの肩に警策《きょうさく》が入り、鋭い音が堂内に響きわたった。警策とは、坐禅中に眠気を催したり、気持にゆるみが出たようなとき、合掌すれば見廻りの雲水がそれをみつけ、扁平な棒状の板を肩に打ちおろす作法をいう。

時間がきて退出するとき、大畑さんはリラックスした様子で目元に微笑を浮かべていた。三、四十分ほどの坐禅だった。

そのあと長い長い廊下を渡り、法堂にのぼる。そこは永平寺の住持《じゅうじ》（住職）がつね日頃、雲水たちにむかって説法をするところだ。檀信徒を参列させる重要な法要もそこでやる。永平寺山内の心臓部といってもいい。やがて堂内には、四方から無言の僧侶が地から湧きでるようにあらわれ仏前に勢揃いする。その数、七、八十人ほどだっただろうか。鉦と太鼓の音だけを合図に、あたかも水の流れのように、影絵が映しだされていくような儀式が、しずかにはじまる。

一糸乱れぬ動きと素早い足さばきに目を洗われる。それは、能の舞台における能役者の、すり足の身のこなしを思わせる。作法そのものが仏法なのだ、といった道元の言葉がからだの奥に響く。

読経がはじまる。無言から発語へと儀式がすすんでいく。仏たちの名前がつぎつぎと読みあげられる。釈迦如来から達磨へ、さらに天童如浄へ、そして道元。歴代の先師、古仏の名が切れ目なく読みあげられ、それが三界万霊へとつづく。最後になって、われわれ俗信徒の名が無数の仏たちのあとで言及される。大畑さん他二名……。われわれのような末世の凡夫も、先師、古仏たちの栄光の系譜のなかに位置づけられ、供養と祈禱の対象とされる。先祖崇拝、祖先信仰の最末端にわれわれもいつのまにか組みこまれていたのである。

およそ四、五十分ほどそれがつづき、最後に仏前に焼香して早朝の儀式は終った。すでに夜は白々と明けている。

永平寺をこの法堂から見降ろすと、急斜面の山腹に下から山門、仏殿、法堂と並び立っている大伽藍のありさまがよくわかる。それを中心軸にして、庫裏や食堂をはじめ諸堂が左右に展開している。最上段に位置する法堂が、さきに記した朝の儀式（朝課という）がおこなわれる仏堂の上方に建てられているのだが、その背後はもう鬱蒼たる樹林の海が広がっているだけだ。

この永平寺の全容が眼に入ったとき、かつて中国の天童山寺に遊んだときに目にした伽藍のたたずまいが、念頭に浮んだ。

一九九五年のことだったが、この年は一月に阪神・淡路の大震災、三月になってオウム真理教によるサリン・テロ事件が発生し、日本では大騒ぎになっていた。

中国に渡ってから出立した地は、揚子江河口のデルタ上に位置する寧波《ニンポー》だった。そこは、かつてわが国から派遣された遣隋使や遣唐使が上陸した港である。それを記念する碑が海辺近くに建っていた。私が訪れたときはすでに経済特区になっていて、街は豊かな物資で活気にあふれ、商店は明るい賑いをみせていた。

道元が中国に留学したときはどうだったのだろうか。一行は、師の明全和尚（京都・建仁寺の住持）をふくめ四名だった。瀬戸内海を船で西に下って、三月中旬に博多の港に着いている。ときに道元、二十四歳。

同月下旬、かれらはあこがれの中国めざして商船に乗る。四月の上旬ごろには、明州慶元府《みんしゅうけいげんふ》というところに着岸しているから、船は奄美大島の方面に南下して東シナ海を横断する南路をとったものと思われる。

明州慶元府は、揚子江のデルタ、すなわち杭州湾をはさんで上海の南方に位置している。中国五山の登り口になっていたようだ。おそらくその慶元府が今日の寧波にあたるのだろう。

航路の日程は順調だったが、はげしい暴風雨にあい、道元は下痢に苦しめられたようだ。波間を木の葉のように揺れる船中で、遣隋使や遣唐使たち、先輩僧の栄西や重源が渡海するのに味わったであろう辛苦を思いやっていたにちがいない。

私はその寧波を訪れたとき、裏通りの店で鮮魚の料理に舌つづみをうったことを覚えているが、道元はどうだったのか。

私は寧波の街から車に乗り、中国の友人とともに小一時間ほど、峠を越えていったが、やがて広々と開けた谷間に出た。そこに、まるで絵葉書に描かれているような牧歌的な村が点在し、美しい伽藍が並び立つ姿がみえてきた。それを眼下に眺めたとき、一瞬魂を奪われていくような恍惚感に包まれた。

ああ、道元はこの桃源境のような自然のたたずまいに息をのまれたにちがいない、そう思った。その均斉のとれた伽藍の配置に惹きつけられたのではないか。そのときの感動を胸に刻み、ふたたび海を越えて帰るとき、そのイメージを祖国にまでもち帰った。天童山でみた伽藍の姿を祖国の山中に再現してみよう、そう思い立ったのだろう。

そういえば道元は、天童山寺に別れを告げたとき、その地の大工をともなって帰国したのだという。そのような伝承が残されている。その子孫が永平寺のお膝元にも住みついたという。しかし今日、そのことを明らかにする史料はどこにも見当らない。


われわれの旅も、終りに近づいていた。

朝食のあと、八時に宿を出る。山門の前の駐車場からふたたび車に乗る。あとは敦賀をへて京都に帰るだけになったが、その前に道元ゆかりの古刹、吉峰寺《きっぽうじ》に立ち寄ることにした。

そこは、道元が京都を発ち、越前に入って最初に滞在した真言系の寺院だった。険しい山道を三十分ほど走ると、小振りの古寺が残雪に囲まれて、いかにも寒そうな姿をあらわした。参詣者もここまではなかなか足を運ばないらしい。

案内を乞うと、まだ修行中の若い雲水が両の頬を紅潮させ、素足で飛ぶようにやってきた。きけば、永平寺から派遣されて、ほぼ一年が経つという。留守と管理をまかされているのであろう。道元が越前の地に入って最初に足跡をとどめたところだ。その思いを胸に、若い雲水は晴れやかな言葉を返してくれる。

問いかけると、岩手県二戸の出身とのことだった。奥羽の陸中から北陸の越前まで長い旅路だったことが、返ってくる木訥な言葉のはしばしににじみ出ていた。私もまたその陸中・花巻の出身であることをいい、別れを告げた。

禅と個人主義と「ひとり」

一九八四年九月のことだから、もう三十年も昔のことだ。西田幾多郎と日本宗教にかんする国際会議が米国のウィスコンシン大学で開かれ、それに参加した。ここでは会議の内容にふれることはできないが、帰途、シカゴ大学のジョゼフ・北川教授を訪れ、宗教学者エリアーデの人となりについて面白いエピソードをうかがったことが忘れられない。

シカゴ大学を辞したあと、私は最後の訪問地であるサンフランシスコに立ち寄った。そこは、僧侶だった父親が戦前、西本願寺（浄土真宗）の海外開教使として赴任していたところで、私の生れたところでもあった。

なつかしい「仏教会」にお詣りをしたり、当時の一世、二世の方々とお目にかかって戦争中のご苦労話をうかがったりしたが、翌日思い立って、戦後になってできた同じ市内の「禅センター」を訪れた。それを創ったのは日本からきた曹洞宗の鈴木俊隆老師（一九〇四〜一九七一）であったが、その後、この道場を運営するのはいつのまにか日本人以外の外国人だけになっていた。けれども坐禅修行のスタイルをはじめとする僧堂での生活は、伝統的なしきたりをそのまま踏襲しているようだった。日常話されている英語をのぞけば、日本の禅道場の雰囲気とほとんど異なるところがなかったようにみえたのである。

私はそこで、四十歳前後の青い目の尼僧さんに偶然出会った。その手引きで、時間外ではあったけれども、坐禅堂の片隅で一時間ほど坐らせてもらうことができた。かすかに漂ってくる線香までが、私が子どものころのなつかしい香りをたたえていたことを覚えている。

ちょうど夕暮れが迫っていたので、その尼僧さんを食事に誘った。快く応じてくれ、われわれは坂の多い中華街を通って海岸に下り、レストランに入った。ワインを飲んで気分がほぐれてきたためだったのだろう。いったいどうして禅センターなどに入る気になったのかと、きいてみた。

すると、彼女は、こだわる様子もみせずにいった。自分はシカゴ大学で心理学を修め、卒業後はカウンセラーの仕事をしていた。でも、だんだん自信がなくなり、それでにわかに尼僧になろうと思ったのだという。これで気持ちが落ち着けば、またカウンセラーの仕事に戻るつもりといっていたのが印象にのこった。時代が大きく動きはじめていると思わないわけにはいかなかったのである。

私がウィスコンシン大学の国際会議にでかけた翌年（一九八五）のことであるが、カリフォルニア大学のウィリアム・ラフルーア教授の編著になる『道元研究』（W. R. LaFleur〔ed.〕: Dogen Studies, University of Hawaii Press）が刊行され、そのなかに宗教社会学者のロバート・ベラー教授による「今日における道元の意味」という興味深い論文が載っていることを知った（The Meaning of Dogen Today）。ちなみにベラー教授は、わが国では『徳川時代の宗教』の著者としても知られる。

当時、アメリカの西海岸、とりわけロスアンゼルスとサンフランシスコには禅センターがいくつか設立され、白人のあいだに一定の影響を与えていた。その禅の修行に励む、比較的裕福な中産階級の、教育のある白人たちとのインタヴューをもとにベラー教授の論文は書かれていた。

そこでいくつかの事柄が論じられているが、私がいちばん関心を惹かれたのは、道元の禅と現代アメリカ人のラディカルな個人主義とのかかわり合いの問題について分析しているくだりだった。その個人主義と道元の「ひとり」ははたしてどのような火花を散らしているのか、と思ったのである。

かれによると、西欧の個人主義にはもともと二つの要素が含まれていた。一つは、個人を束縛するものは何も無い、という個人の行動原理。もう一つは、その個人と個人のあいだにできるだけ有機的なコミュニティーをつくる、つまり相互にたいする配慮の感覚を育てようとする連帯の行動原理、である。

ところがこの行動原理が、今日のアメリカでは功利主義的な個人主義に傾き、それが禅の「自由」と無媒介に結びつく危険な兆候を示しはじめている。その傾向は禅センターに集まってくる白人たちのあいだにもみられる。たとえばかれらの多くは、自分自身には責任をもつけれども、家族や社会や国家には一切責任をもとうとしない。その流れは人間と人間のあいだに結ばれる連帯と誠実の感覚を無化しがちである、という。

教授は、そのように論じてから、道元の『正法眼蔵随聞記《ずいもんき》』をとりあげて、そこに展開されている儒教への配慮に読者の注意を喚起する。東アジアでは歴史的に仏教と儒教の結びつきがきわめて密接であった。それが右の『随聞記』において見事な形で結晶している。

この作品は道元の弟子の懐奘《えじよう》が師の言行を記録したものだが、そこには禅の思想とともに親にたいする「孝」をはじめとして、人倫におけるさまざまな道徳の項目が説かれている。その点が道元の禅を理解するための急所の一つなのであって、アメリカ人のたんなる個人主義的な禅受容の態度には問題があるのではないか、と批判しているのである。

これは、現代の日本社会にも共通する現象のように私の目には映る。ラディカルな個人主義と禅的なアナーキズムが手を結ぶとき、それはいつしか人間の運命にとり返しのつかない、一種の精神的な錯乱状態を生みだすことにつながるからだ。それが道元のいう、ひとり坐り、ひとり立つ姿勢とは似て非なるものであることはいうまでもないだろう。

一九九七年春、私はパリに四十日間ほど滞在する機会があった。フランス国立高等研究院の招きで、週一回、日本の宗教について講義をするためだった。有能な通訳の方をつけてもらったので、気分的には楽にとりくむことができたのである。

ホテルはセーヌ河畔にあり、二十二階の部屋から毎日のようにブーローニュの森を眺めていた。ある日思い立って、そのブーローニュに出かけてみた。森とはいえ、日本にくらべれば、むしろ疎林の連なりというのに近い。

私が訪れたのはその森の北端に建てられている国立民族民芸博物館だった。人類学者のレヴィ＝ストロースが監修にあたったといわれ、フランス革命以前の田舎の生活を再現していて、珍しいコレクションがいくつも陳列されていた。私が思わずうなったのは、この博物館のある場所が何と「マハトマ・ガンジー通り六番地」と命名されていることだった。

数日たってから、こんどはヴァンセンヌの森にでかけた。ブーローニュとは反対側の、パリの東部に広がる森である。その景観もさきのブーローニュの場合と変わらない。入口のところにアフリカ・オセアニア美術館（現・移民歴史館）が建てられていた。ナイジェリアの仮面特別展をやっていたが、この森のドーメニル湖の南端に、仏教センターと称する一画があった。一九三一年の植民地博覧会で建てられたパビリオンを寺院に転用したものと教えられたが、現在はパリ市のものになっており、さまざまな行事に使われていた。高さ九メートルの巨大な金箔の釈迦像が祀られていたが、管理しているのはチベット僧ということだった。

日本の仏教との関係でいえば、フランスでも禅仏教、道元仏教の浸透が目につくが、そのときパリを訪れて、フランス人のチベット仏教への関心がきわめて高いことに改めて驚かされた。どんな下町の書店でもダライ・ラマに関する本がおかれている。かれの伝記、説教集をはじめ、その解説書までが列をなして並べられている。それにくらべれば、日本の仏教に関する書籍はほんの徴々たるものにすぎない。ダライ・ラマの政治亡命、チベット難民、国際的な規模で発生している政治と宗教の問題などのほかに、神秘体験やオカルトへの興味が重なってそのような風潮をつくりだしていたのだろう。

それにしても、インドのガンジーの名とチベットの仏教寺院が、パリ郊外に広がる森に位置づけられ、それがどうやら「東洋」のシンボルマークになっているらしいことが、私には面白かった。その風景は、パリの中心を象徴するルーブル宮の都市景観と見事なコントラストをみせていたのである。

空無の哲学

そのような光景と、はたして関係があるのかどうか、ふと身辺を見渡して近代西欧の仏教理解に目を向けるとき、それがほとんど、フランス革命以後の西欧人の虚無的な自己認識を反映するものだったということに気づく。

ヘーゲルもショーペンハウエルも、そしてニーチェも仏教を異口同音に「虚無」もしくは「空無」の宗教とみなしている。かれらはいずれもこの空無の哲学を一種の鏡にしながら、かれら自身の不安な時代を生きているようにみえた。その点では、「基軸の時代」を発想したヤスパースの場合とも変りがなく、共通の問題意識が流れているように思ったのである。伝統社会における秩序や価値観の崩壊、無神論の拡大、社会的反乱、人種的憎悪、ペシミズムなどが群がりおこる社会にわれわれは生きている、そういう感覚である。

しかしそれは、何も西欧社会だけにかぎられる問題ではなかった。なぜなら近代日本における知的な仏教理解もまた、空や無の哲理を議論することにおいてつい最近まで西欧人の場合と大差のないものだったからだ。だがそのような流れにも、いまようやく変化のきざしがみえはじめている。その予兆のようなものが、前述したフランスにおけるチベット仏教への関心や、禅仏教の西欧世界への浸透などの現象にあらわれているのだろう。

いま、一方的に「空無」という言葉を使ってしまったけれども、日本の思想風土においては、仏教を受容する過程で「無」の情感的宇宙感覚のようなものを受け入れてきた。しかし抽象的な「空」の議論にみられる否定の論理の方はついにこの国に定着することはなかったようだ。

『万葉集』『源氏物語』『平家物語』などには仏教経由の無常観が流れている。だが一切の現象を空とみなす哲学的思考は一部エリートの観念レベルにだけその痕跡を残すにとどまったからだ。インド仏教に発する「空無」の考え方は、西欧においては近代の虚無に行きついた。それにたいして、わが国ではむしろ無常の無の意識に収斂していったといっていい。

パリにおける滞在期間も終りに近づいたある日、私は思い立ってこの近代的都市に新たにつくられた禅道場の一つを訪ねてみた。

その禅道場では、わが国の僧堂の方式をそのまま取り入れて坐禅の指導にあたっていた。私も一時間ほど坐らせてもらい、長旅でやや鬱積していた感情のしこりを解放することができたのである。

私が訪れた道場では、毎日のように昼と夜の坐禅会を開き、いろんな職業のフランス人がやってくる。すくないときで二十名、多いときで四、五十名に達するという。日本の禅宗教団とはほとんど交流がなく、在家主義を通している。

指導者も俗人であり、とくにそこの道場主は女性だった。坐蒲を尻にあてて面壁し、衣を着て丹田呼吸をやっている。日本の僧堂のやり方そのままといっていいが、そういう道場が当時パリだけで五ヶ所もあるといっていた。

終わって、五、六人の人びととフランス流精進料理を食べながら、通訳をまじえて歓談した。カトリックから移った人、一度チベット仏教徒になり、それから改宗した人など、さまざまだった。そのなかの一人が、禅は仏教が制度としての宗教になる以前の生き方そのものをあらわすのではないか、といっていたことが今でも印象にのこっている。

禅の本来の価値観は、たんなる空無の信仰や哲学のなかにあったのではないのかもしれない。それは人間の苦しみを解除する一種の治癒の教えであって、いわゆる宗教や哲学とは別の次元に属する実践的な生き方そのものではないかとも考えられる。それがもしかすると「個人主義」から「ひとり」の哲学に誘導する機縁になるかもしれない。

私はこのような禅のあり方が、これからもすこしずつフランスやアメリカの人びとの心をとらえるようになるのではないかと思いながら、辞去したのである。

道元の生き方が、禅とともに現代の西欧社会にひそかな衝撃の波動を伝えていたことの一端をみてきた。ところが、同じようなことがはるか五百年も前に、わが国の主要な文化の流れのなかにおいてもすでに発生していたのではないか、とあらためて気づく。それはその後の日本の文化にたいして、重要な創造性と方向性を与える激しい運動だった。

十五世紀から十六世紀にかけての、世阿弥、千利休、雪舟などの時代である。そのかれらによって切り開かれた芸術運動である。その舞台には、道元の息遣いと足跡が濃厚に影をおとしているからだ。それは禅文化があらたな時代の転換のなかで個性的な展開を示す貴重な画期であったと思う。

そんなことを考えるようになったのも、東北出身の私がいつのまにか京都に住みつくようになったことと関係があるかもしれない。とりわけ京都では毎年祇園祭がおこなわれるが、それに接するようになって以降のことだ。

知られているようにいまや祇園祭は、京都の境界をこえて日本の祭になっている。だから祇園祭を軸にものを考えていけば、おのずから日本の宗教と芸術の関係を考えることにもつながるにちがいない、そう思うようになったのだ。

美と信仰の伝統

しかしそれにしても、それが道元の生き方と、いったいどうかかわるのか。それが問題だろう。あらかじめいってしまえば、もちろん道元の禅と祇園祭、そして日本の祭のあいだに直接的には何の関係もない。そこからは、妥協を許さない衝突と違和の感覚だけが発生するだろう。美意識にまつわる強烈な火花が散らないはずがない。問題は、まさにそこからはじまる。

そのことを吟味するために、まず祇園祭を構成している要素を、順にあげてみよう。

山鉾巡行をはじめとするさまざまな神事

その山鉾を飾る豪華絢爛な懸装品の数々

祇園・八坂神社にまつわる物語と儀式
祭典運営にたずさわる町衆の結束力と作法

などである。それが長い時代の波をのりこえうけつがれてきた。押しも押されもしない、美と信仰の厚い伝統を形づくってきたのである。

日本の祭は、もともと魂の祭だった。なかでも大切なのが、冬至の時期におこなわれるもので、われわれの生命のもとである魂を鎮めて、それを強化する鎮魂の祭だった。

もう一つが、暑熱の時期におこなわれる悪疫祓いと怨霊鎮めの祭である。京都の祇園祭がこの後者の怨霊鎮めの祭から出発した、もっとも由緒のある祭であることはいうまでもない。その怨霊鎮めの手法によって社会の秩序を維持し、政治の混乱を収拾するのに大いに役立ったのである。「平安時代」三百五十年の「平和」が実現したのも、そのためだったかもしれない。

祇園祭を美しく飾る山と鉾には、新奇な外来文化の粋と時代を拓く技術の精華が満載されている。おそらくモダンなデザインとあっといわせる趣向によって、悪巧みを仕掛ける怨霊たちに目くらましをかけようとしたのだろう。そのユーモラスな着想には驚かされる。自由奔放な町衆たちの想像力に目を洗われる。現代に息づく王朝絵巻の美意識といっていい。

そのような、時代をこえてこの国土に蓄積されてきた祇園祭の華麗な宗教芸術を眺めていて私が思いおこすのが、三つの大きな文化の波動である。

まずその第一が、奈良天平時代の正倉院芸術だ。西方の文明がユーラシア大陸をへてこの列島に驚異的な文物をもたらした。

ついで第二が、平安時代に入って空海がもたらした密教芸術である。華やかなマンダラ図像や真言陀羅尼《しんごんだらに》を駆使し、悪霊の祓除《ふつじょ》と国家の鎮護をシステム化した宗教運動だった。

そして第三が、十六世紀のキリシタンの上陸によってもたらされた南蛮芸術の衝撃だ。その成果の一つに南蛮屏風があるが、そこには、はるばる渡来した宣教師たちのライフスタイルが、その風俗とともに克明に描きだされている。その芸術感覚は、自然科学の知識を伝えるキリシタン文化のなかでも重要な一角を占めるものだった。

正倉院芸術、空海密教、南蛮芸術を、私は日本における三大宗教芸術運動と考えているのであるが、京都の祇園祭はまぎれもなくそれらの芸術運動の奥深い伝統のなかから生みだされた嫡出子だった。いってみればモダンな祇園祭である。外の世界に明るく開かれた国際色豊かな祇園祭だ。

これを要するに、わが千三百年の歴史を展望すると、仏教、密教、キリスト教を基軸にした画期的な三つの宗教芸術運動の流れがみえてくる。それがたがいに重層しつつ、新たな美意識の創造をうながしたのだった。

だが、そこに異変がおこる。痛烈な横槍が入る。外の世界に開かれた芸術と美意識にたいする異議申し立ての刃が突き立てられた。応仁の乱をはじめとする時代の渦巻のなかから生まれた、意表をつく挑戦だったといってもいい。そしてその背後から、まったく異質の宗教意識が同時に鎌首をもたげていたことに気づく。それがしだいに大きな力をふるいはじめる。

順不同に並べてみよう。

世阿弥（一三六三？～一四四三？）の能
千利休（一五二二～一五九一）の茶の湯
雪舟（一四二〇～一五〇六）の水墨世界

こうして並べてみると、明らかに流れが大きく違っていることがわかる。異端、異風の感覚が、そこから浮かびあがってくる。

正倉院芸術に象徴される美の饗宴といった趣きは、もはやいささかもみられない。空海密教の大袈裟な身振りや観念過剰の体系も静かに拒絶している。南蛮芸術との関係はどうか。その流入にやや先立ち、またほぼ同時代の空気を吸ってはいるが、三者いずれもがこの日本列島の風土に深く根づこうとしている点で、南蛮芸術がめざすものとは対立と拮抗の関係を保っていた。

もしも正倉院、空海、南蛮を介した宗教芸術運動が、この国における革新的画期をあらわすものとすれば、これにたいする世阿弥、千利休、雪舟などの精神の動きはいったい何だったのか。そこに筋道をつけるのは難しいところだが、重要な課題であることはいうまでもない。何よりもかれらの禁欲的な志向が、さきの祇園祭のデザイン感覚のなかに浸透しているとはとても思えない。そこには、もう一つの奥深いところから別個の地下水があふれでているとしか考えられないからだ。

それが、道元に発する地下水だった。道元がまさに肉体化しようとした禅の「ひとり」の哲学だった、と私は思う。そのことを、世阿弥も千利休も、そして雪舟も異口同音に語っている。日常の振舞いのなかで、自己の身体を通して示している。

世阿弥は、室町時代の能役者であり、能の作者だった。観阿弥の子で、実名を元清といった。将軍足利義満に認められ寵愛されたが、将軍義教の代になって冷遇され、やがて佐渡に流された。曹洞宗で出家しているが、能作者としては『風姿花伝』『花鏡《かきよう》』などの著作がある。その世阿弥が描く夢幻能の主人公たちは亡魂である。一時的にこの世に蘇った死者たちだ。他界から招き寄せられた霊体が息をふき返して舞いを舞う。そこにみられる身体所作の原理はまさに死の演出であり、生体を死体に近づけようとするドラマツルギーから成り立っている。

千利休の場合はどうか。利休は織豊期《しよくほうき》の茶人だった。堺の人で、法名を宗易といった。禅宗にあつく帰依し、大徳寺の古渓和尚らに参禅している。信長の茶頭《さどう》として仕え、のちに秀吉の側近になった。晩年、侘茶《わびちゃ》の完成に精進したとされるが、不思議なことに茶の湯にはなぜか死の影がさしていた。それも尋常な死ではない。あえていえば非業の死の影がさしている。利休自身が秀吉によって死を賜り、切腹して果てている。かれの高弟、山上宗二《やまのうえそうじ》も耳鼻を削がれた上で打ち首、古田織部も切腹に追いこまれている。

そして、雪舟の水墨の世界である。かれは室町中期から戦国期にかけて活躍した画僧だった。雪舟の名は道号。備中に生れたが、のち京都の相国寺で参禅し、画を周文に学ぶ。明代の中国に渡り、宋元画を学んで帰国し、独創的な自然描写や空間表現に腕をふるった。代表作は『四季山水図』『天橋立図』などがある。画布のなかから一切の色彩を剝奪し、そこに描かれる自然を死の静寂に還元しようとしている。その作者の意志は、山水の背後に虚無空間を描きだそうとしているかのようだ。自然そのものが画家とともにすでに涅槃に入っているといっていい。

このようにみてくると、世阿弥、千利休、雪舟の背景から道元の肖像がしだいに浮かびあがってくるような思いにとらわれる。道元のいう「自己をならふといふは、自己をわするゝなり」という言葉が蘇り、無になり切ろうとひとり坐りつづけている道元の姿がせりあがってくる。世阿弥の舞台に、千利休の茶の湯の席に、そして雪舟の画布の上に、死の影をさそう非人情の風が吹きわたっていることに気づく。

日本列島の美意識の流れを展望するとき、この中世期に開花した能と茶の湯と水墨の世界が、さきに挙げた三大宗教芸術運動の流れとは明らかに異質な意志をひびかせていることがわかる。

それはこの国の千三百年という時間軸上におけるフォッサマグナ（構造的な断層）をつくりだしているようにみえる。

その痛烈な横槍、意表をつく異議申し立ての挑戦の原点に、まさに十三世紀の道元がひとり屹立していたことに私は注意を向けないわけにはいかないのである。

第三章　日蓮の「ひとり」

黒潮が運んできたもの

今泉さんの運転に、ふたたび身をまかせる。こんどは青く光るフォルクスワーゲンで日蓮の跡を追う、そんな旅立ちだった。

親鸞や道元の影を求めてはじめての道に分け入ったときとは、やはり随分と違うはずだ、そんな気分でもあった。

房総半島南東部の小湊《こみなと》。日蓮誕生の地だ。そこから清澄山《きよすみやま》の清澄寺《せいちょうじ》へと舞台は移る。かれが出家宣言の産声をあげた聖地である。あとは「大荒行《だいあらぎょう》」で知られる市川の中山《なかやま》法華経寺をへて、日蓮終焉の地の東京は池上の本門寺に敬意を表して立ち寄り、一気に隠棲地の身延山へ。

帰途は身延から下って新幹線の新富士駅へ、二泊三日の旅だった。

その間の走行距離は約六百キロ。それで日蓮の何がわかるのか、の声がきこえてくる。何よりも日蓮自身の発する大音声が落ちてくる。その声には当分わが耳を覆って、やりすごすしかない。

日蓮が鎌倉で遭遇した各種の「法難」については、今回は目をつぶる。道元への旅の中で、日蓮ゆかりの寺に触れておいた。流罪地・佐渡も割愛。以前、世阿弥を訪ねる旅の中で、佐渡・塚原の旧蹟で日蓮の風に吹かれたことがある。その佐渡の西海岸でみた美しい落日に心を奪われたこともある。そのときの体験が忘れられない。日蓮も世阿弥もその落日の光景をみていたであろう。

今回の旅は、それらとはやや趣きを異にした。むしろ大海原の水平線から立ち昇る太陽、富士山のかなたにかっと姿をあらわすだろう日輪の輝きの方に魅せられていた。

遺跡にはどこでも、日蓮の堂々たる銅像が建っていた。首の根、胸板、足腰ががっしりした骨格で支えられている。太い眉の下に、ギョロリとした眼球が前方をじっと凝視《みつ》めていた。その視線が内側にむくことはない。いつでも、どこでも外部世界に開かれていく向日性の日蓮がたじろがずに立っていた。

かれのギョロ目にはやはり南方から押し寄せる黒潮のしぶきがかかっているにちがいない。そういえば薩摩の西郷隆盛も紀州の南方熊楠も極上のギョロ目の持ち主だった。

横道に逸れるが、あれはアジア大陸が生んだ達磨のギョロ目とはたぶん系統が違うのだろう。達磨の、あの異様で珍奇な眼球を継承したのはさしずめ日本臨済禅の白隠ぐらいなものか。それとは明らかに別種の血潮をたぎらせているのが日蓮のギョロ目だ。黒潮が運んできたフンドシや向う鉢巻き、腰巻きなどの扮装の一種と考えた方がいい。日本のダルマ文化の面白さは世界のどこにもみられない珍種といっていいが、後の世になって、日蓮のふるまいがそこに一石を投ずることになったのではないか。

今回の旅も、今泉さんの提案にもとづいてあっというまにきまった。

五月十九日の早朝八時、京都で新幹線に乗りこみ新横浜まで。そこでちょうど十時に合流する。かれの愛車フォルクスワーゲンで川崎市を通り抜け、気がつくと、東京湾を横断する東京湾アクアラインを突っ走っている。わずか四十四、五分で、あっというまに対岸の木更津に着いていた。まだ若いころ東京の近郊に住んでいたが、その東京湾でハゼ釣を楽しんだことがある。小船に乗り、尾をハネ返す小魚を焼いて食ったのだが、そのハゼたちも今ごろは、人間どものやることにびっくり仰天し目を剝いていることだろう。

木更津からは高速道で鴨川市に入る。どこまでも広がる山間地を揺られていく。森と谷のあいだをただ坦々と縫うように行くうちに、清澄山に着いた。陽はようやく中天に達していた。

日蓮が小湊の漁村から、えいやっとばかりに駆けのぼった山だ。標高約三百八十メートル。山伏が切りひらいた行場のような、庵のような寺があったのだろう。房総丘陵の一画を占め、いわゆる安房と上総の分水嶺にあたる。その近くを、現在の外房線が走っている。

小湊から家出をしてきた「海辺の旃陀羅《せんだら》の子」（日蓮の自称）は、その山頂でみずからを是聖房《ぜしょうぼう》蓮長《れんちょう》と名乗り、朝日にむかってはじめて、

南無妙法蓮華経

と唱えたという。『法華経』という経典がすでにかれの全身全霊をつかんで放さなかったのだろう。

車が清澄寺に近づいたとき、本堂の中からまことに元気のよい読経の声が頭上の拡声器を通してきこえてきた。大音響が空にこだましていたが、参詣者の人影はなかった。近づいて内陣の奥をうかがうと、祈禱を依頼したらしい一人のご信者がうずくまっている。

外に出て小高い丘に向かう。百段ほどもあっただろうか、汗をかきかきのぼると銅像がみえてきた。大正十二年八月三十日の建立とある。奇しくもその二日後に、あの関東大震災がおこった。けれどもその日蓮像には何らの損傷もなかったと、由緒書に記されていた。

清澄山の境内には、杉の大木が何本も立ち空を覆っていたが、その中に「千年杉」と称する巨木がしめ縄で囲われていた。根廻り約十七メートル、樹高は約四十七メートル、その大きさは高知県大豊町八坂神社の「大スギ」に匹敵する。さらに南方の屋久島に自生する屋久杉の巨木の系統につらなる、と説明板にあった。

以前私は、その大豊町に旅して「大スギ」を実見したことがある。そのときの記憶が蘇り、これも黒潮が運んできた漂流文化の一つかと思った。その大豊町の「大スギ」から車で五十分ほど太平洋岸に走り下れば、高知市に出る。その桂浜には坂本龍馬の銅像が突っ立っている。

車は、そのあと一気に山を下り、われわれを小湊の港に運んでくれた。

南無妙法蓮華経

いよいよ日蓮誕生の地だ。誕生寺がつくられ、全国から善男善女を集めてきた。眼前に迫る広々とした大海原、近海航路の港としても栄えた。

波打ちぎわに建つ誕生寺の創建は建治二年（一二七六）と伝える。その後、二度の大地震、大津波に遭っている。明応七年（一四九八）八月と元禄十六年（一七〇三）十一月で、堂塔伽藍が破壊され、多くの僧俗が犠牲になっている。その上、宝暦八年（一七五八）の大火によって焼失――。各地を転々として、現在地に落ち着く。水戸光圀《みつくに》や加藤清正などの帰依も篤く、今日まで大本山の威容を保つことができたようだ。境内には十二歳の上人を模した像が建てられ、まっすぐに海をみつめていた。

山門を出たすぐの浜辺に、「鯛の浦遊覧船」の乗り場があった。だが空には黒い雲が動き、台風七号が接近していて運航停止の看板がかかっていた。

湾内の近くに群れ寄る鯛の生息地があり、観光名所とされてきたのだ。三十年ほど前、遊覧船にのりその現場を見たことがあるが、今回はあきらめるほかなかった。「鯛の浦」はもとの地名「妙の浦」からきたものか、またその「妙」は「妙法蓮華経」の「妙」につながるのか。

ホテルに辿りついたとき陽がようやく落ちかかり、夕焼けがあやしく動く雲に映えて美しかった。

翌二十日、小湊を朝八時に出発。車は一路、市川市中山にある名刹・法華経寺を目指す。昨日は川崎から東京湾アクアラインを通り、房総半島を斜めに横断する旅だったが、今日は逆に、その半島を北へ北へと一直線に縦断する旅になる。車は単調な山間地の一般道に入り、眠気を誘うリズムで走っていく。

京成線京成中山駅の近くに、目的の大伽藍がそびえていた。世に「大荒行」で名高い霊場である。日蓮真筆の『立正安国論』が伝えられてきたことでも知られる。ここもさきの誕生寺とともに、日蓮宗大本山の一つの拠点だ。広大な境内は江戸下町の風儀を今にのこす商店街に囲まれ、神仏を祀るお堂が立ち並ぶ。

なかでも目を惹く荒行堂は、日蓮宗唯一の修行道場になっている。雨乞いの祈禱をはじめ加持祈禱のすべてを実践的に学ぶ。毎年、全国の日蓮宗寺院から百人をこえる修行僧（正式には加行僧）が集まる。

大荒行の秘法は、日蓮によって直弟子の日常（一二一六〜一二九九）に伝えられたものだ。時期は十一月一日から翌年二月十日までの厳冬期百日間にわたる。午前三時から三時間ごと、夜十一時にいたるまで七回の水行をとり、一日二食の白粥。それ以外は読経と写経。修行中には死者が出たこともあって、社会的な論議をまきおこすことがあった。

中山法華経寺の開基日常は、有力な檀越《だんおつ》、富木《とき》常忍の出家した姿だ。下総国に法華経寺を建て、新しい門流の祖となった。千葉氏の時代となってから有力な一派となって、栄えた。

荒行中の「清規《しんぎ》」（生活規範）は厳格をきわめ、徹底した禁欲を強制している点で比較を絶する。衣食住にわたり、身辺の作法は水ももらさぬタブーにとりまかれ、いささかの倦怠も許さない。

寺には小一時間ほど滞在し、山門を出る。東京都内を突っ切り、大田区にあるもう一つの大本山、池上本門寺に到着したのが正午だった。ここは身延山に隠棲中の日蓮が病いをえて山を下り、一時的に身を寄せたところだった。だが快癒にいたらず、そのまま逝く。日蓮終焉の地となった。有力な檀越、池上宗仲《むねなか》の寄進と建立による。開創は弘安五年（一二八二）と伝えるが、のち火災により焼失した。今泉さんは以前この近くに住み、元日の初詣で賑わいをみせる光景を覚えていた。

しばしの時を過しただけで、すぐに出発。あとは最終の目的地、身延山を目指すのみとなった。車はまたたくまに東京の街並みを抜け駿河に向かい、新東名の高速にのる。遠くかすみのかかった空に、富士山のシルエットが浮き上ってみえるようになった。

昨夜の疲れがのこっていたのか、睡魔に襲われる。――日蓮の太い腕がぐっと伸びていく。たっぷり墨を含んだ筆が、勢いよく空を切っている……。

南無妙法蓮華経
南無妙法蓮華経
の大文字が宙を舞い、日蓮の荒々しい自署の文字がそれに重なる。

運転席のあたりから、ポップスの音がかすかに鳴りはじめた。サザンオールスターズです、と注釈が入る。ああ、坊さんの経文をあげているような歌声だ、と合いの手を入れる。それが題目の大合唱の中へとしだいに呑みこまれ、吸いこまれていく……。

日蓮は何にでも熱中する質《たち》の人間だったが、題目の本尊を書きつづけていく行為にもそれはあらわれている。

短冊形というか長方形というか、その空間のどまん中にぶつけるように「南無妙法蓮華経」と大書する。年月日を記し、自署と花押をそえて書く。むろん年月日のないものもある。

ついで中央の題目の両脇に、南無釈迦牟尼仏と南無多宝如来の文字が加えられる。釈迦仏、多宝如来のほかにも、諸仏が書きそえられていく。菩薩たちの名が参入しはじめる。不動明王があらわれ、愛染明王が馳せ参ずる。

上行菩薩などの四菩薩が登場し、声聞《しょうもん》、縁覚《えんがく》も仲間入りする。十二天、四天王はおろか天照大神や八幡大菩薩までが顔をそろえる。いつのまにか天台大師、伝教大師がその勢揃いの列に加わっている。つぎからつぎへと諸神、諸仏がつむぎだされ、題目の両脇に、図面いっぱいにその筆の墨をひろげていくのである。

そういえば中山法華経寺でも、要所要所にこの題目本尊が顔をのぞかせていた。たとえば普通の五輪塔が、その中央部分を長方形にひろげて題目本尊をそこにそのままはめこんでいた。天（上部）と地（下部）で題目本尊を支え、守っている。それだけで、すでに宇宙（＝一閻浮提《いちえんぶだい》）マンダラがこの世に出現していることなのだろう。

現存する真筆本尊を時代順に眺めていくと、諸神、諸仏がつぎつぎと出現していくありさまが手にとるようにわかる。題目に熱中している日蓮の姿がそれに重なって映っている。彼が心酔してやまなかった『法華経』にあらわれる、その神仏誕生の物語にいつのまにか刺激されてのことだったのだろう。

『法華経』には、周知の「地涌《じゆ》の菩薩」というのがでてくる。地涌とは、文字通り大地から涌き出る、という意味だ。その代表が上行、無辺行、浄行、安立行《あんりゅうぎょう》の四菩薩で、その筆頭格が上行菩薩である。やがて日蓮はみずからをこの上行菩薩であるとする自覚をもつにいたる。

「ひとり」宣言の結晶

日蓮はこうして、大地からいなごの大群のように涌き出てくる菩薩たちを脳裡に描いて、題目本尊を書くようになる。中央の南無妙法蓮華経の周囲に密集しはじめる諸神・諸仏のネットワークである、いわば『法華経』に展開される物語を凝縮して立体化したものだ。それを「大曼陀羅」と称した。マンダラとは密教の理念にもとづく宇宙であるが、その中央に坐るはずの大日如来に代えて、南無妙法蓮華経の経題を高く掲げたのである。「真言亡国」といってはばからなかった日蓮の気迫が伝わってくる。密教徒にとってみれば、獅子身中の虫の所行といってもいいような企てだった。

その題目本尊であるが、現存している真筆は確認されているだけで百二十種を超える。執筆年代がはっきりしているうちで一番古いのが、文永八年（一二七一）十月のもの、それ以降、弘安五年（一二八二）六月の日付をもつ、死の年のものにまで及ぶ。

書きはじめの文永八年といえば、日蓮はこの年の十月に佐渡に流されている。とすると題目本尊は佐渡流罪の受難の時代から、晩年の身延隠棲の時代にかけて書きつづけられていたことになる。度重なる迫害と忍苦のなかでかれの思想がしだいに白熱し、信仰が確立していくときにあたっていた。

この日蓮の題目本尊に展開される立体マンダラをみていて、突如として大きな変化が生じていることに気づく。それは執筆様式の変更という形で具体化されているが、同時に日蓮自身の心境の深化、自覚とも密接に連動している。

変化の第一は、本尊画面の四隅に書きつけられている四天王の存在にかかわる。四天王とは仏法の守護神のこと。向かって右上に持国天王、左上に毘沙門天王、右下に広目天王、そして左下が増長天王の構成になっている。

はじめ日蓮は、この四天王の名を画面の四隅に小さく書いていた。立体マンダラの四隅を固める付属物、あるいは装飾的な守護神といった趣きがないではなかった。

ところがやがて、その四天王の名がしだいに大きくふくれあがり、力強く描きだされるようになる。
はじめは、四隅に配されていた辺境の守護神がにわかに大きくクローズアップされ、中央経題の威力と拮抗し並存するかのような存在感を与えられて浮上してくる。もちろんそれは、中心の本尊（経題）を圧倒するような浮上ではない。むしろその中心を堅固に守護しつつ、立体マンダラの自立性をいっそう際立たせる入念の工夫である。それに比して、中央の経題と四隅の四天王のあいだに囲いこまれた諸仏、諸神の一群がしだいに小さくなり、遠望されるような構造になっていることに気づかされる。この変化は、いささか異様な光景に映らずにはいない。

さらにその四天王の存在感との連関で見るものの注目をひきつけるのが、日蓮自身の自署と花押にみられる、ただならぬ個性的な表現である。第二の強烈な変化、といっていいだろう。

はじめ日蓮は、「日蓮」という自署と花押を画面の右下と左下、すなわち経題の足下に、それぞれ控え目に記していた。書体も小さくまとめられている。ところが、この最下段の自署と花押がいつのまにか接近の傾向を示し、ついにその二つが経題の直下で合体をとげてしまう。

まず題目の真下に「日蓮」と力強く書き、ついでその周囲を、こんどはうねるような花押の筆の線が二重三重に引かれていく。自署と花押が二匹の蛇がもつれ合うような姿となって合体し、南無妙法蓮華経を下から支える形になっている。

それだけではない。その足下の自署と花押の合体像が、さきにのべた四隅の四天王の肉太の文字群と連動して、経題そのものをあたかも城壁のように大きく包みこむ構図になっている。聖なる題目本尊を外敵から守る結界の役割をはたしているのだ。ここで日蓮は明らかに、みずからもまた四天王に加えられるべき一員という自覚をあらわにしている。自分の祈りの力で題目本尊を顕彰し、擁護しようとしているのだ。

こうした日蓮のいうマンダラ本尊は、たんなる礼拝本尊だったのではない。それは何よりも、日蓮自身の覚悟を示す信仰告白の具現そのものだった。その生々しい祈り、そこに発する日蓮の「ひとり」宣言の結晶だった……。

不意に無意識の霧がはれ、運転する今泉さんの背中が眼前に迫った。車が谷間を縫うように走っていた。右に左にハンドルを切っている。山道をすこしずつ這いのぼっていく。門前町の細い街並みに入って、ようやく車がとまった。投宿先が田中屋、身延山指定の旅館である。午後四時を廻っていた。

玄関を入って驚いた。正面の壁に、両眼の飛び出しそうな容貌魁偉の、大入道の油絵が掲げられていたからだ。

頭頂は禿げあがり、太い白い眉毛が両側にはねるように描かれ、豊かな白髯が両の耳からあごにかけて覆っている。胸板が盛り上り、その肉付きのいい胴体を鮮やかな朱色の衣がすっぽり包んでいる。

場所がらから、一時これが日蓮の姿かと、わが目を疑った。

わしは日蓮ではない、豪胆な声がすぐさま天井に響きわたった。

そうか、汝は達磨か……。

その油絵の像は日蓮のような迫力にみち、達磨そっくりの衒気《げんき》をあらわにしていた。下から静かにうかがっていると、どこか日蓮の品位に欠け、達磨の躍動感を表現しきれていなかった。

宿の主人にきくと、戦後になり馬堀喜孝という画家が飄然とやってきて滞在し、この絵を描いた。はじめ彼は日蓮を描くつもりだったが本山の許可が下りなかった。なぜか、どんな理由だったのかはわからないが、画家はそれを本山に奉納するつもりだったのかもしれない。

日蓮の眼球に映ったもの

じつはこんどの旅が終ってから知ったのだが、馬堀は戦前すでに、房総小湊の誕生寺のために明治天皇の肖像画を描いていた。昭和十年、日蓮聖人六百五十遠忌の記念事業の一つとして、あらたに貴賓殿をつくり絹本着色の御真影を安置する計画がもち上ったのだという。

それはもとは大正天皇の生母である柳原愛子《なるこ》のお声掛りで、明治の実業家・高島嘉右衛門が五姓田《ごせだ》芳柳《ほうりゅう》（一八二七〜一八九二）に描かせたものだった。その原画を、さきの馬堀喜孝が忠実に模写したのだという（寺尾英智『続・小湊山史の散策』、誕生寺、一七〇頁）。もしかすると馬堀は画家としてそれほど評価されていなかったのかもしれない。

そのように考えると、田中屋の玄関に掲げられていた容貌魁偉の肖像画には、作者の鬱屈した憤気のようなものが立ちのぼっていたようにも思う。いずれにしろそこで、顔面から今にも飛び出しそうなギョロ目に出遭ったというのも不可思議な因縁だったというほかはない。

翌二十一日――。早朝の四時三十分に起床し、宿が用意してくれた車で、他の宿泊客とともに山上の本山に向かう。夜は白々と明けはじめていた。

五時三十分に勤行がはじまる。内陣正面に、例の大きな題目本尊が掲げられ、その真下に日蓮聖人のこれまた大きな像が安置されている。

衆僧が入堂してくる。大太鼓が天井を突き破るように鳴りだす。力強い拍子木を打ちつける音が加わる。

そして読経へとつづく。『法華経』初品の大合唱だった。焼香の儀があり、大本山住持の法話がはじまる。いつのまにか本堂は、白衣の法被で身を包むご信者で一杯になっていた。

宿に帰って、朝食をすます。十一時、ふたたび車に身を託して、ロープウェイの発着場に向かう。

ゴンドラに乗り、約七分で身延山山頂へ。眼下にひろがる山塊の裂け目に富士川がみえ、遠く駿河湾の方に流れている。終点で降りて見廻すと、東方のかなたに富士山が美しい峰をみせていた。だが、長く裾を引く、東海道から眺めるいつもの姿とは違う。手前を、ゆるやかな重なりをみせる山脈がさえぎっているからだ。

ああ、山越しの富士だ、
と思う。中世の絵画で知られる「山越しの阿弥陀図」が念頭に蘇った。

その富士の山頂に、太陽が沈むことはまずないであろう。そこからは、ただ太陽が姿をあらわし、しだいに上昇していくだけだからだ。西方浄土にむかって陽が沈むのではない。その陽の昇る光景は、われわれの地上浄土を照らし出すイメージのようにしか思えない。

日蓮のあの大きな眼球に映っていたのが、まさにそのような光景だった。彼の口から南無妙法蓮華経の大音声がほとばしりでるのも、その太陽の輝きにむかってであった。それはおそらく、中国の達磨があの大きなギョロ目でとらえていたものとも違う世界だっただろう。いってみれば達磨は、世界の核心に無をみていたが、日蓮は同じその場所に法華経マンダラの無限展開をみようとしていた。

ロープウェイを降りて、「日蓮聖人御草庵跡」を訪ねる。山麓の奥まった場所に、十間四方ほどの空地が石の玉垣に囲われて保存されていた。日蓮が最晩年の九年間を過したところだという。身延山久遠寺の発祥の地である。深夜まで『法華経』の読誦と著述に専念したといい、つぎの遺詠一首が大きく説明板に記されていた。

たちわたる身のうき雲も晴ぬべし
たえぬみのりの鷲の山風

「鷲の山風」は、インドの仏蹟の一つ、ラージギルの「霊鷲山」からきている。ブッダの孤独な暮らしをなつかしむ、日蓮のひそかな思いが伝わってくるようだ。

あとは、車で新幹線の新富士駅まで、わき目もふらず一直線の道だった。外は熱気をはらむ乾き切った風が吹いていたが、そこにいつのまにかある映像が浮かびあがり、揺れていた。

映画「王将」の場面である。それが切れ切れにあらわれては消えていく……。

大阪の貧乏なぞうり職人の坂田三吉が将棋さしで身を立て、東京の関根名人に挑戦する。波乱にみちた人生を描く物語だった。坂田三吉を阪東妻三郎が演じていた。女房の小春は水戸光子、関根名人を滝沢修が演じる、伊藤大輔監督の名作である。一九四八年の封切りで、もう半世紀以上も前になる。

映画の大切りで、三吉が上京する。名人位についた関根に祝いの言葉をのべるためだった。その場面が眼前で細かく揺れはじめた。

関根はん、あっしはあんたを敵と思い、あんたを憎い、憎いと思ってこれまで生きてきたが、そのおかげで自分は一人前の将棋さしになることができました、といって深々と頭を下げる。

そのとき大阪の娘から電話が入り、女房小春の危篤が伝えられる。はっと悟った三吉は、妻の耳元に受話器を近づけよと娘にいい、居ずまいを正す。そして手にもつ送話器にむかって、静かに題目を唱えはじめる。阪妻の唱えるナムミョウホウレンゲキョウがはじまる。

ナムミョウホウレンゲキョウ、ナムミョウホウレンゲキョウの声が画面いっぱいにひろがっていく。いつはてるともなくくり返されていく……。

五十回も、六十回も、つづけられていったであろうか。カメラがその阪妻の映像を、じっとたじろがずに追っている。

長い、長い時間が過ぎたあと、女房の小春の姿が大写しになっている。三吉のくり返される題目の声を聞きながら、夫の祈りの思いが通じたのか、それまで閉じられていた彼女の目がうっすらと開いた。口元がわずかにゆるみ、微笑むところでこの映画は終る。その残像が、車の中にひろがっていき、私のからだをすっぽり押し包んでいた……。

異端の運命

親鸞が自分のことを「非僧非俗」と思い定めて、ひとり旅に出ようとしていたとき、道元はそれとはまったく別の表情を浮かべて単独者の道を選びとろうとしていた。

そうだとすると、この二人のあとを追うかのように歩いていこうとしている日蓮は、はたしてどのような岐路に立たされ、どのような運命を引き受けようとしていたのだろうか。

ほとんど同時代を生きていたといっていいような三人である。それがそれぞれの道を歩いていくとき、その出処進退にはおのずから個性がにじみでるだろう。

そこで日蓮の登場となるが、これがどこから手をつけたものかと思い惑う。平板な比較に足をとられると、すぐさま行きづまることはみえている。そのワナに陥らないためにも、まずかれの気質のようなものに近づく必要があるのかもしれない。

ただ、親鸞や道元の二人と日蓮のあいだには、気質の違いのほかに、風土性といったものの壁が大きく立ちはだかっている。その違い目のようなところ、いってみれば断面をまっすぐに凝視《みつ》めておかなければならない。

十三世紀という、思想的には複線的な軸の時代の特質をつかむためにも、これは欠かすことができない。この時代の底知れない深度をはかるためにも念頭に刻んでおいた方がいい。日蓮を親鸞や道元と外からくらべると、かれが辺境の果ての、危うい崖の上を生きていたことがわかる。加えて、さきの気質や風土性の違いをそこに重ねてみると、日蓮という人間がまさに二重の意味において異端を生きるほかない運命にさらされていたことがみえてくる。日蓮の魅力も、その人間の分かりにくさも、そこに発する。

そう考えると日蓮という存在は、どうしても十三世紀という時代を形づくる精神史の特異点、ということになってしまう。軸の時代に揺さぶりをかける面においても、それは突出している。日蓮は、房総半島南部の安房国の、貧しい漁村に生れた漁師の子だった。辺境の地といっていい。最底辺の環境のなかで育った。みずからそのように名乗りをあげている。

父親が都の下級貴族だった親鸞、同じく上級貴族だった道元とはそもそも生れや素性がまるで違っている。

周囲を見渡せばいたるところで虐待と差別が横行し、飢餓と貧困が肌にしみこむような日常茶飯だっただろう。

荒海に小舟で乗り出して、大小の魚を獲る。裸身を太陽で真黒に焼き、黒潮の流れに身を躍らせて泳ぎつづけるような毎日だっただろう。

そんな姿を、たとえば親鸞の日常のなかに想像することなどとてもできない。道元の少年時代に重ねてみることもとうてい不可能だ。

当時、京都の比叡山は学問と修行の総合的なセンターだったが、その山の姿を親鸞や道元は毎日のように眼前にみていた。登ろうと思えばいつでも登ることができた。山頂の方からは、いつでも登ってこい、という声がきこえてくる。

日蓮の目に、その比叡山はどのように映っていたのか。見たこともない、聞いたこともない。噂に聞くだけの、ほとんど虚空にそびえる、伝統的な権威に輝く霊山、としかみえなかっただろう。

房総の南部から京都までの道のりは五百六十キロほどになるだろうか、歩けば二十日や一ヶ月はかかる。遠いはるかな、それこそ異境の世界だった。その途方もない距離をいったいどのように埋めていくか、さい果ての漁村から京都という都までの巨大な距離をどのようにはかり、縮めていくか。もっとも、その衝動がわきおこる以前に、遠い都までのずっと手前に、鎌倉という北条政権の厳重に築かれた拠点がみえてはいた。そこは、その気になればいつでも駆けつけることができた。やはりその地を足がかりにするほかはない。そして、京都を狙う。

ただ一つだけ、日蓮が親鸞や道元とはまったく異る世界を生きた人間であることを示す、明らかな証跡がある。さきにもふれたが、かれがほかでもない、はるか南海の古俗を呼びこむ黒潮文化の申し子だったということだ。

海辺の漁師の子は、内陸の百姓たちの生活には疎いが、海洋民の剽悍《ひょうかん》な血は濃厚にうけついでいる。定住民の忍従の習慣には見向きもしないが、漂流民の闊達な明るさには無類の親近感を抱いていた。

それだからだろう。日蓮には、南方古俗のシンボルとされる裸身にふんどし、額に向う鉢巻き、の扮装が何よりも似合う。女性用の腰巻きを身につけても、さまになるだろう。その颯爽とした勢いは、海を照らす太陽の光を浴びていっそう輝きをみせるはずだ。

けれどもそれが親鸞や道元となるとそうはいかない。かれらのふんどし姿、向う鉢巻きは、どこからみても違和感をきわ立たせるだけだ。かれらに似合いの扮装は、せいぜい隠者が身につける破れ衣、墨染めの衣、ぐらいではないか。

冗談をいっているのではない。海辺に寝泊りし、島伝いに北上をつづけてきた海民たち、黒潮の流れにのり、それに身をまかせて生きてきたかれらの血潮には、奈良や京都に住む都人たちのとはまったく異質の体液が、その五臓六腑にしみこんでいたであろうと思うからだ。
のちにくわしく触れることになるが、日蓮はそのきびしいキャリアを重ねるなかで、やがて当時の日本を代表する思想家たちにたいして徹底した異議申し立てをおこなう。情容赦のない批判者になる。悪口雑言と誤解されかねない鋭い言葉を、あたりかまわず放つ。よく知られた「四箇《しか》格言《かくげん》」である。

念仏無間
禅天魔
真言亡国
律国賊

「念仏無間」とは、念仏を唱えて無間地獄に真逆様に堕ちよ、ということだ。「禅天魔」は、坐禅にうつつを抜かすは悪魔の所行。さらに「真言亡国」は、日本国を滅ぼすのが弘法大師、空海の真言密教にほかならないと。「律国賊」は、戒律を重視するだけで国に仇をなす律宗、というわけである。要するに四箇格言とはいうものの、これは他宗門にたいする日蓮の側からする十把ひとからげの批判だった。そのなかでとくに強調されたのが、「念仏無間」と「禅天魔」の二項目の批判だったことに注目しなければならない。十三世紀になってから流行しはじめるのが、この「念仏」と「坐禅」の運動だったからだ。それは庶民のあいだはもちろん、貴族や権力者のあいだでも急速に浸透しはじめていたから、これらの勢力にこそ痛打を浴びせなければならないと考えていたのであろう。

ただ、横道にそれるが、さきの黒潮文化ということでいえば、「真言亡国」の最高責任者である空海もまた四国の出身であるから、その洗礼をうけていた。そのためここが何とも面白いところだが、この空海こそさきのふんどし、向う鉢巻きの勇壮な立ち姿がよく似合うことに気づく。そこからはかれが日蓮型の人間だった片鱗までが浮かび上ってくる。すくなくとも親鸞や道元とは異質の人間だったことは明らかだ。

さて、この辺でふたたび日蓮の「ひとり」に立ちもどらなければならない。もちろんその「ひとり」の在り方は、知識人の家系に生を享けた空海とは同じ黒潮系とはいっても、背景や状況が一変する。房総半島の辺境の地にへばりつくように根づいている虐待、差別、飢餓、貧困の世界が、おそらく日蓮の身辺、その喉元まで迫っていたにちがいないからだ。

それだけではない。のちに日蓮は罪をえて、佐渡に流される。佐渡は房総半島を洗う太平洋とは反対側の、日本海に浮かぶ辺境の孤島である。

太平洋側の貧しい漁村と日本海に浮かぶ孤島にひとり身をおく経験を通して、日蓮は何を見ていたのか、何を思ったのか。その眼差しが内部に向かうときは、つよく「国家」なるものの重い存在を体感していたのではないだろうか。またその眼差しが反転して外部に開かれるときは、こんどは「世界」を強烈に意識したのではないかと思う。

気がつけば、かれは日本列島の全体像をいつでも掌の上に描きだすことができるようになっていた。その自覚が、かれのどの文章を読んでいてもほとばしりでてくるように迫ってくる。それは自己を限界状況に追いこむときの座標軸となり、また危機における自己発見の思考軸となっていた。

さらにいえばナショナリズムとインターナショナリズムを生得的、生理的に交錯させる、日蓮思想の原形質のようなものがつむぎだされるようになる。

念仏批判と親鸞無視

そんなことをあらかじめ頭に入れて、かれの前半生について略述しておこう。

日蓮は貞応元年（一二二二）、安房国の小湊（現・千葉県鴨川市）に漁師の子として生れた。十二歳のとき近くの清澄寺にあずけられ、十六歳で出家。是聖房《ぜしようぼう》と名のる。翌年から、四年間にわたって鎌倉に遊学。ついで比叡山に十年ほど留学、故郷に帰ったのが三十二歳だった。だがその故郷には容れられない。ふたたび鎌倉に出て布教を開始し、日蓮と名を改めた。

法華経の世界にのめりこみ、「法華経の行者」としての自覚を深めていく。勢いのおもむくまま、鎌倉政権の実力者だった前執権の北条時頼に『立正安国論』を書いて差しだす。政治の根幹にふれる批判的な意見書だった。もちろん聞き入れられない。それどころか、逆に伊豆に流された。このときすでに四十歳を超えていた。

やがて許されて自由の身になるが、果敢な異議申し立ての行動はいささかも衰えをみせない。かえってさらなる迫害と弾圧を呼び寄せ、ついに五十歳のとき佐渡へ流された。

度重なる過酷な体験をへて、彼にもようやく成熟のときが訪れようとしていた。はじめて上陸した日本海の孤島で、『開目抄』(五十一歳)と『観心本尊抄』(五十二歳)の内省の書をまとめあげているからだ。気力も体力も充実していたことがわかる。

佐渡は古来、流人の島として知られたが、そこから海をへだてた目と鼻のさき、越後の居多ヶ浜に流されていたのが親鸞だった。

承元元年(一二〇七)のことだ。日蓮が佐渡にやってくるのが文永八年(一二七一)だから親鸞が越後の地に姿をあらわしたのはすでに六十四年前のことになる。それから五年ほどの流罪生活を送るが、毎日のように海をみて暮らしていたにちがいない。親鸞は師・法然の門を去って、「非僧非俗」の自覚のもとに新しい生活に入ろうとしていた。

ここで興味をそそるのが、さきに紹介した「四箇格言」からもわかるように、日蓮がくり返し「念仏」を批判しつづけていたことだ。なかでも念仏の宗教運動に指導的な役割を演じた法然にたいして、生涯の仇であるかのように敵視してはばかるところがない。ところがその法然の有力な弟子であったはずの親鸞については、一言半句ふれてはいない。

日蓮は親鸞の存在を何も知らなかったのだろうか。知ってはいても、論ずるに足る人間と思ってはいなかったのか。いずれにしろ、このような日蓮による親鸞無視の状況は、まことに理解しがたいことだ。何とも異様な光景に映る。

あるいは親鸞のいう「非僧非俗」の生き方に、そしてその内向的な暮らしのスタイルに、日蓮ははじめから忌避と嫌悪の念を抱いていたのかもしれない。

かつて、都で法然の念仏集団が大弾圧をうけ、師の法然もろとも弟子たちの多くが殺されたり、流罪になった。これが法難事件として世に知られる「承元の法難」である。それがたとえ半世紀以上も前の事件だったとしても、そのときの親鸞の流刑地を肉眼で遠望できる佐渡に日蓮は生活していたのである。その彼が、親鸞の存在について断片的な情報すら一切もらすことがなかったのは、やはり尋常なことではない。何とも気になるところだ。

唯一、想像されるのは、当時、親鸞流の「非僧非俗」からはもっとも遠い生き方を選びとろうとしていたのが日蓮だったということぐらいだ。そのような立場からすれば、親鸞という人間ははじめから眼中にない、あるいは眼中に入れてはならない無視すべき存在だったのだろう。

文永八年、佐渡に流された日蓮は、塚原に庵を結んだ。以後、三年ほどの流罪生活に入る。その孤島暮らしのなかで、円熟期の代表作『開目抄』を書きあげたことについてはさきに記した。

その文章の行間からは、孤島のなかで練りあげられた思考の熱気がほとばしりでてくるようだ。独立自尊の気分がみなぎっている。その求心的なリズムにのって、つぎのような言葉が書きつけられた。

我れ日本の柱とならむ
我れ日本の眼目とならむ
我れ日本の大船とならむ

かれの『開目抄』という作品は、この宣言を掲げることで終結に向かう。解説するまでもないが、『開目抄』という書名の「開目」は、文字通り「目を開く」「目を開け」ということだろう。大きく見開かれた目をおのれのものにせよ、というメッセージだ。いってみれば裸身のふんどし、向う鉢巻きの出で立ち、その捨て身の姿からわきあがる大音声、である。黒潮シンボルを身にまとい、あらんかぎりの力をふりしぼって目を見開いている日蓮の仁王立ちが、いやでも目に浮かぶ。

親鸞のいう「非僧非俗」や道元の「只管打坐」とはまったく異質な言葉の火柱がそこから立ちのぼってくる。「非僧非俗」とか「只管打坐」といった、内省へと誘うような衝動や気配は微塵もみられない。大言壮語といえばいえる、確信にみちた出家宣言だったといわなければならないだろう。

日蓮の世界認識

時代も外部世界から危機的な状況が押し寄せようとしていた。蒙古襲来、である。海浜出身の予言者が身をおこし、巷に躍りでていく機縁が近づいていたのである。

親鸞や道元がまったく経験することのなかった「黒船」の来襲である。その危機意識のなかから「念仏無間」「禅天魔」の声がほとばしる。

黒船の来襲によってただちに想起されるのが、外圧と内乱のサインであることはいうまでもない。日蓮はさきにふれた『立正安国論』のなかで、すでにこのことに言及している。『法華経』の精神に背いて「邪法」になびくとき、「他国侵逼難《たこくしんぴつなん》」（外圧）と「自界叛逆難《じかいほんぎゃくなん》」（内乱）の危機が襲ってくる。その場合、「邪法」の最たるものが念仏であり、禅だった。その自覚が日蓮においては、国際社会の動きと国内における政治状況に重なって映っていた。ナショナルな関心がインターナショナルな動向ときびすを接してせり上り背中合せになっている。

このナショナルな自覚を端的に示すのが、たとえばつぎのような言明だった。

日蓮は、日本国、東夷、東条、安房国、海辺の旃陀羅《せんだら》が子也（「佐渡御勘気抄」、兜木正亨校注『日蓮文集』、岩波文庫、二四頁）。

日蓮の本籍意識だ。自己の居場所を見定めるために、日本→東夷→東条→安房→海辺へとしだいに視点をしぼりこんでいく。最後に、さいはての辺境の地、すなわち「海辺」の、その最底辺の差別された人間「旃陀羅」へと、他者の視線を誘いこんでいく。

その針で突いたような一点に、日蓮の自己認識の根拠がある。ナショナルな情熱と志を示す、たった「ひとり」の発火点である。

このような本籍意識と自己認識は、同時代の親鸞や道元にはみられないものだ。当時の一般の知識人にとってもきわめて異例のことだったにちがいない。

道元は入宋しているが、自分自身の位置確認にさいして、シナ国という外在的な軸を立てて何ごとかを主張するようなことはしなかった。それを執拗に追い求めようとしたのが日蓮だった。

日蓮はこのような出生のいわれを記すときだけではなく、予言者として自己主張するときも同様の論法を使い、まったく同種の表現方式をとっている。たとえば、
日蓮、一閻浮提《いちえんぶだい》の内、日本国、安房国、東条郡に始て此の正法を弘通し始たり（「新尼御前御返事」、同前、五二頁）。

ここにいう「一閻浮提」とは、「世界」そのものを指す古典インド的な表現である。日蓮は議

論をはじめるとき、いつも世界＝一閻浮提から語りだす。世界の中の日本、日本の中の安房国、安房国の中の東条郡……という工合につないで、最後に、ねらいすましたように辺境の「海人」、辺地の「旃陀羅の子」へと、自己を追いつめる。その筆法は、ほとんど日蓮だけにみられる独自のものだ。

ところがかれは、その議論のぎりぎりのところで、間髪を容れずつぎのようにいう。

安房国東条郷、辺国なれども日本国の中心のごとし（同前、五〇頁）。

この場合、日蓮にとって安房国も東条郡もたんなる地理的な符牒でもなければ記号でもなかった。それは色も匂いもかねそなえた、形影あいともなう具体的な表象として想い描かれていた。いってみれば、日本国でさえ一閻浮提という仏教的宇宙観のなかに存在を許された具象的な国土であった。

日蓮が最終的に帰属するのは、その日本国における辺国のケシ粒のごとき小さな領域である。つまり最底辺の旃陀羅の子ということであった。しかしその「辺国」がじつは「日本国の中心」なのだという。その「中心」を同心円状に包摂して外部に広がっている世界が「一閻浮提」なのだと切り返す。

日蓮におけるインターナショナルな世界認識が、こうしてでき上がる。この「辺国なれども日本国の中心」という言明のなかに、かれのナショナリズムの発条《ばね》とインターナショナリズム構想の芽がたたみこまれているのだ。内部においてそれは鋭い緊張感をたたえて、矛盾することなく共存していたといっていいだろう。それが度重なる迫害、流刑などの受難にかかわらず、その孤独な精神を一貫してきたえつづけた思考の軸だった。

「辺国」のケシ粒のごとき一点が、同時に世界の「中心」であると反転させる日蓮思想は、やがて近代にいたって意外な展開をみせることになった。すなわち、「一閻浮提」へと駆動するインターナショナルな認識が草莽の世直しの契機と結びつくとき、左翼革命のイデオロギーを噴出させる。他方そのナショナルな情熱が貧窮化する辺国の救済へと収斂していくとき、しばしば右翼革命を発火させる役割を演じたからである。

やはり最後に、日蓮の晩年を語らなければならないだろう。

文永十一年（一二七四）、佐渡への流刑を赦された日蓮は身延山に隠棲する。ときに五十三歳。この年、元軍が壱岐・対馬に押し寄せ、筑前に上陸している。世にいう文永の役だ。

山の中の風雪にとざされる過酷な自然とのたたかいがはじまる。八寒にふるえ、暑熱に苦しむ自身の姿を、在俗の信者たちへの手紙のなかで赤裸々に告白せずにいられないのもこのころからだ。

庵をかこむ四方に、人影のあらわれることはまずない。雪が降りつもれば一丈、二丈、そこに雨が降って雪がかたまれば、あたり一面金剛のごときありさまとなる。鍋、釜に小水がたまると、たちまち凍って割れてしまう。手足はこごえ、切れ、裂けて、人はつぎつぎに死んでいく……。日蓮自身も生活が極度に窮迫し、たえず下痢に苦しめられていたようだ。

文永十二年、幕府は元からの使節を竜ノ口（現・藤沢市）に斬って捨て、筑前の海岸では石塁がきずかれていた。竜ノ口は佐渡に流される直前、自分自身があわや斬られそうになったところだ。

そんななか、ようやく身延に隠棲できたのは、甲斐の領主・波木井《はきい》実長や駿河国富士郡の南条時光などの信者の援助によるものだった。ところがその庵住いの山中で、元来襲の噂をきく。あらためて『撰時抄』をあらわし、自分の予言が的中したことをそこに記し、蒙古を批判している。

きびしい身延の山中にも、時はめぐる。春が訪れ、秋の実りの季節がやってくる。

そのころのことだ。遠い安房国のふるさとからなつかしい「海苔」が送られてきた。これにたいし感謝の気持をこめてとどけた日蓮の書簡がのこされている。亡き父母への追懐の言葉とともに望郷の思いが切々と語られている。

「新尼御前御返事」として知られる書簡である（前出『日蓮文集』、四六〜四八頁）。

ここでも日蓮の視線は、例によって自己をとじこめる身延の山を中心に、外部へと同心円状に広がっていく。ここでも雄大な自然界を眼下に俯瞰しないではいられない。――東は天子の嶺、南は鷹取の嶺、西は七面の嶺、北は身延の嶺と記して、高い屏風を四つ立てたようだと書く。その峰にのぼれば草木森森とつらなり、谷に下れば大石連連とつづく。大狼《おおかみ》の音が山に充満し、猨猴《ましら》の鳴き声が全山にひびく。雄鹿が雌鹿を恋うる哀れな声がきこえてくる。夏ともなれば蟬の声がかまびすしい。

古郷《ふるさと》の事、はるかに思《おもひ》わすれて候つるに、今此のあまのり（海苔）を見候て、よしなき心をもひいでて、うくつらし。かたうみ・いちかは・こみなとの磯のほとりにて、昔見しあまのりなり。色形あぢわひもかはらず。など我《わが》父母かはらせ給けんと、かたちがへなるうらめしさ、なみだをさへがたし（同前、四八頁、傍点筆者）。

送られてきた「あまのり」を見て、涙ぐんでいる日蓮がそこにいる。ここにいう「かたうみ・いちかは・こみなと」が「片海・市河・小湊」であり、辺境の地・小湊の海辺の地を指すことはいうまでもない。黒潮に洗われて貧しい少年時代を過した、日蓮の忘れがたい原風景である。もちろんその望郷の思いが、あの「辺国なれども日本国の中心のごとし」、の信念に裏打ちされていたことはいうまでもないことだ。

たとえ今いる身延がきびしい辺境の山中であっても、それが同時に日本国の心臓部であるとの強烈な自意識とそれは重なっていただろう。いや、日本国の心臓部であるどころか、一閻浮提の中心であるとさえ、かれの眼には映っていたはずだ。

日蓮の「ひとり」は、状況のいかんを問わず、いつどこにおいても、つねに中心に立つ人間の「ひとり」だったと思う。

第四章　法然と一遍の「ひとり」

「ひとり」と個

きっかけは、単純な話からだった。

このような文章を書きはじめるにあたって「ひとり」の主題を掲げたのは、「ひとり暮らし」の話題が政治の側や社会の側からやかましくいわれるようになったからだった。それと並んで、少子高齢化や限界集落の危機がとりざたされるようになったからでもある。

その「ひとり暮らし」の風景がいかにもみじめな姿で報道され、独居老人たちの、わびしい孤独な生活ぶりのイメージがいつのまにかふくれ上がり定着していった。

「待てよ」と思った。「ひとり」とは、そんなにみじめな人間の姿だったのかと、怒りの塊がのど元をつきあげてきたのだ。

そんなことはあるまいと、迷路のような道を歩きはじめたが、たちまち岩盤につきあたってしまった。「ひとり」と並んで、「個」という言葉が眼前にせり上がってきたからだった。気がつくと「ひとり」は、この日本列島の山や森のかなたから吹いてくる風の中に姿をあらわしているようだった。それにたいして「個」の方は、どうやら海のかなたの草原や砂漠をわたる風の中からあらわれてくるようだった。

漠然と考えると、「ひとり」と「個」はまるで兄弟のように似ていた。けれども顕微鏡のようなもので眺めると、両者のあいだには容易には越えがたい壁が立ちはだかっていた。「個」の背後には石のように堅牢な論理の体系、つまり哲学と称する岩盤が息をひそめている。それにたいして「ひとり」のかたわらには、そのようなものはどこにも見当らなかった。思考の戦列を立て直すほかはないと思った。「ひとり」の哲学を構想し、そのための道筋をつけようと考えたのだ。

私なりの危機意識がそうさせたのだろう。もっとも以前から、予感のようなものがないわけではなかった。そしてそのようなことを考えるモデルがあるにはあった。それがドイツの哲学者、カール・ヤスパースである。彼の「基軸時代」という思考モデルであるが、そのことについてはすでに冒頭で述べておいた。

第二次世界大戦が終ったときヤスパースは、このさき人類はどこにむかっていくのか、その道ははたして希望にみちたものかという危機意識を抱いていた。ソ連のスターリンが戦争をしかけるかもしれないという深刻な不安の中にいた。

もう原子爆弾が開発され、使用されていた。われわれの前方には、すでに科学技術が先頭を切って走っていた。人類がまったく経験したことのない未来が不気味に横たわっていたのである。

その危機意識のまっただなかにあって、ヤスパースは『歴史の起源と目標』を書いていた。そしてある決意をこめて「基軸時代」の仮説を提起したのである。

このときのヤスパースの意識に、ソクラテスやプラトンやユダヤの預言者たちと並んで、ブッダや老子の姿が浮んでいたことがあらためて思いおこされる。その見取図に、アジア的な人生観と思考が色濃く影をおとしていたことも新鮮に映った。西欧文明にたいするヤスパース自身の自己批判の口調が生々しく蘇ったのだといっていい。それは「西欧の没落」を説くシュペングラーやトインビーの口吻を思わせ、ヤスパース自身そのことにふれていた。

春秋の筆法ではないが、このヤスパースの人類史的展望の着想を、もしもこの日本列島に適用したらどうなるかと私は考えるようになった。彼のいう「基軸時代」を日本列島の歴史にあてはめるとして、それをいったいどの時代に定めるか、それがつぎの課題になったのである。

どのように考えても、この国の「十三世紀」をおいてほかにどこにも見出すことができないだろうと思うようになったことは冒頭で述べた。この結論は私自身にとってもまことに意外な成り行きだったのだが、しかし新鮮な発見でもあった。

その風景の中から立ち上がってきたのが親鸞、道元、日蓮たちの群像だった。同時に彼らこそ一個の自立した人間として「ひとり」の生き方を創造し、その一筋の道を誠実に歩いていった人間たちだったということがみえてきた。

十三世紀という「軸の時代」を生きる、まさに「軸の思想家」と呼べるような人間たちだったのではないか、そう思うようになったのだ。

それは「個」とか「個人」とかいう西欧類型の人間の生き方とは、どこか違う。形は似ているようで、中身は似て非なる異質な性格をもっているようにみえてきた。

親鸞への旅からはじめ、道元の歩いた道を辿り、日蓮の足跡を追ってきたのも、そのためだった。かれらの「ひとり」の人生を明らかにし、その生き方を支えた思考の回路を探索するための旅だった。

ただその旅をようやく終えようとしているこの時になって、以前から気になっていた問題が新たに浮上してきた。触れずにおくわけにはいかないテーマだったといっていい。

端的にいって、親鸞、道元、日蓮などの「ひとり」の典型を生みだすうえで、やはり法然という存在がはたした役割を無視するわけにはいかないだろうということである。法然をどう考え、どのように位置づけるか、という問題だった。それと並んでもう一つ、親鸞、道元、日蓮などの個性的な生き方を受け継いで、いってみればそれをもっとも単純簡明な姿で継承し復活させた一遍という存在が同時に浮かんでいた。この一遍の運命は、もしかすると「ひとり」哲学のもっとも素朴な姿、すなわちその最終ランナーの具現として特筆すべきものではないか、ということだった。

鎌倉時代は宗教改革

法然と一遍をどう位置づけるか。これは、わが国の「軸の時代」の第一走者と最終ランナーをどのように設定するか、という避けて通ることのできない厄介な仕事のように思われてきたのである。

法然は比叡山時代に、「知恵第一の法然房」といわれていた。彼は山を降りて念仏の門を開く以前から、山内では最高の学僧とたたえられ、尊敬の視線を集めていた。当時の最高学府、比叡山天台宗における最高の知識人、という評価を受けていた。

彼はやがて『選択本願念仏集《せんちゃくほんがんねんぶつしゅう》』という学問的な作品を書き、仏教の全思想体系を分類、整理し、その上で鋭い分析のメスを加え、最後に「念仏」だけですべての人間が救われる、という結論を導いていた。

その学問的作業は論理の筋が通り、説得力にあふれていた。そのためだったのであろう、救済への道筋をただひとつ「念仏」の回路にしぼったため四方八方から攻撃と非難の声がわきおこる。彼は、山をひとりで降りていくほかはなかったのである。

奇蹟が、そのあとにおこる。法然のもとにいろいろな階層の弟子や信者たちがみるみる集まるようになったのだ。九条兼実や式子内親王のような貴族、熊谷次郎直実のような鎌倉武士、また社会の底辺に生きる遊芸民や白拍子など、念仏による救いを求める人々が集まるようになっていた。それらの弟子たちの仲間のなかに親鸞も自分の居場所をみつけていたのである。

時代が要求していたのであろう。「知恵第一の法然房」が、津波のように押し寄せる念仏の大衆運動にまきこまれ、気がついたときその渦の中心に立たされていたのだ。

思いきり時代をさかのぼって、はるか『新古今集』の世界をのぞいてみよう。和歌の革新をめざす運動の輪の中心にいたのが藤原定家だった。

定家は、尨大な量の和歌を分類、整理し、比較による優劣を定めて『新古今集』という傑作を編んだ。それはまさに、「知恵第一の藤原定家」によるみごとな仕事ぶりだったといっていいだろう。

皮肉なことに、このとき定家によって最高の評点を与えられた歌人が西行だった。『新古今集』にもっとも多くの歌が採用されていることからもそれはわかる。西行は並の歌人ではないとまで、定家はいっているのである。

西行はすでにその時点で、当時のスタンダードな歌壇の水準をはるかに超えていたのだ。その後、彼は『新古今』という知の枠組をあっさりと突き破って、たった「ひとり」の世界に歩み出ていく……。その西行の「ひとり」の足跡は、やがてあらわれてくる親鸞の道に通じていたかもしれないのである。

「知恵第一の法然房」の存在に釘づけになったのが、わが明治近代の知識人たちだった。彼らは西欧文明から吹きつける学問の風を真っ向から受け、ヨーロッパの歴史に華々しく開花した「ルネサンス」と「宗教改革」のキーワードを発見し、その前に立ち止まったのである。わが「知恵第一の法然房」こそ、その「宗教改革」運動の担い手だったルターやカルヴァンの先駆者、との直観をえたからだった。

ふたたび、戦後の光景が思い浮かぶ。敗戦の虚脱状態のなかにあった日本人にむかって、今こそまさにルネサンスと宗教改革の時代がやってきたのだ、と宣言したのが東京大学の総長に就任したばかりの南原繁だったのだ。

ルネサンス、宗教改革、そして法然——戦後精神史の底層に流れつづけていた、今では忘れられてしまったキーワードである。それがどのようなものだったのか、ここでその影響の爪跡をみておくことにしよう。

鎌倉時代を解釈するのに「宗教改革」概念をもちこんだのが、歴史家の原勝郎だった。この仮説は、今日すでに牢固たる教科書的な定説になっているが、その先鞭をつけたのがこの原勝郎である。

原勝郎は明治四年（一八七二）、南部藩士の長男として盛岡に生まれた。東京帝大を出て、一高の教授になった。日露戦争に従軍しているが、除隊になってから学位論文を修正して『日本中世史』を出版している。以後、西欧の近代史研究に転じ、明治三十九年から欧米に留学。帰国直後の同四十二年から狩野亨吉《かのうこうきち》に招かれ、内藤湖南らとともに創立直後の京都帝大文科大学の教授に就任している。代表作が、三条西実隆《さんじょうにしさねたか》の生活文化を中心に応仁の乱後の世相を描いた『東山時代における一縉紳《しんしん》の生活』である。

原勝郎が『日本中世史』を書いたのは明治三十九年であるが、その五年後の明治四十四年になって「東西の宗教改革」という論文を書いている。これははじめ『藝文』に発表され、のちに『日本中世史の研究』（昭和四年）に収録された。そこに展開された論点はまことに明快である。

まず、鎌倉時代の十三世紀はヨーロッパにおける十六世紀の宗教改革に対応するのだという。ルターとカルヴァンの時代である。それがかれの議論の出発点だった。

第一に、時代背景の類似性。都市の繁栄、平民階級の台頭、国語改革などの国民精神の発達である。

第二に、この両時代に勃興した新宗教にみられる性格の共通性。たとえば信仰の重視と宿命説（カルヴァン主義と浄土真宗）、反儀式主義、復古的傾向、妻帯論、政治・社会問題への強い関心、などだ。とりわけ善行や努力を尊ぶ生き方にたいして、悪人救済の側面を強調している点に注目している（ルター主義と浄土教）。それはしばしば「悪事奨励」への逸脱をもたらすことになった。

もちろん、両者のあいだには相違点もいくつか指摘されている。たとえば、

第一に、日本列島に「ルネサンス」の訪れはなかった。

第二に、カトリック側からおこされた「対抗宗教改革」のような運動は発生しなかった。

第三に、ヨーロッパの宗教改革は封建制度の衰退期におこったが、日本では封建制度の勃興期

ときびすを接していた。

このような対比の議論にもとづいて、原勝郎は日本の歴史のなかにはじめて「中世」の概念を導入するとともに、「宗教改革」の発想をとり入れたのである。「宗教改革」のイメージを下敷きにして、日本の「中世」が創出されたのだと主張したのである。

こうしてそれ以後、鎌倉時代を宗教改革の時代とする定説ができあがっていったのだ。鎌倉仏教が宗教改革を担う転換期の「新仏教」運動だったとする常識が受け入れられていったのである。その「新仏教」運動の先駆的な主唱者として、法然の名が挙げられたのだ。「知恵第一の法然房」の存在に光があてられたのである。新時代を切り開く第一走者の誕生だった。

葬式仏教

この仮説がその後の日本人に与えた影響は絶大だった。あらゆるレベルの教科書的記述がその影響の大波にのみこまれてしまったということもある。原勝郎が打ち立てた仮説の浸透力が、戦後のわが歴史学界に嵐のように吹きまくったといっていい。家永三郎、石母田正《いしもだしよう》、服部之総《しそう》、井上光貞はもちろん加藤周一、網野善彦にまでそれは及んでいる。そしてこれらの「宗教改革」論、「新宗教」論のなかで、その運動の先駆的第一走者が、いつでも法然だったことがあらためて思い返される。「知恵第一の法然房」の存在である。

しかし私はやがて、この仮説はおかしいのではないかと思うようになった。鎌倉時代を「宗教改革」の時代とするこの魅力的な仮説には、どこか決定的なごまかしがあるのではないかと思うようになった。なぜならこの「定説」は、その後の近代日本における日本人のきわめて世俗的な思想状況や生活態度を、何ひとつ説明してはいないからである。

法然や親鸞、道元や日蓮の思想の本質が、今日の日本においては少数の知的エリートをのぞいて、ほとんど何の影響ものこしてはいないということだ。なるほどその後、法然や親鸞を開祖とする教団は社会的な一大勢力を形成し、同じように曹洞宗教団や日蓮宗教団も広範な民衆のあいだに教線をひろげていった。しかしそれは、けっして開祖たちの思想そのものを起動力にして発展していったものではない。開祖たちの信仰の灯を唯一の導きとして拡大していったわけでもなかった。

大教団としての発展が可能となったのは、ひとえに先祖供養を中心とする土着の民間宗教がそれを支えたからである。

墓信仰と遺骨信仰が死者儀礼と結びついて、寺と僧のあり方を方向づけてきたからである。近世において異常な発展をみせる「葬式仏教」が仏教の大衆化と社会化を可能にしたのである。

そして、ここで見落としてはならないのが、その背後にあの「神仏習合」（神仏共存）の伝統がすこしも途絶えることなく息づいていたということだ。

法然、親鸞、そして道元、日蓮の思想が先導的な役割をはたして、宗教の大衆化、そしてヨーロッパにおけるような社会化や近代化をもたらしたのではない。かれらの生き方の根本的な指針は、むしろさきにのべた先祖供養と死者儀礼の大波にのみこまれ、埋没していったのである。

その大波の勢いは、今日においてもいささかも衰えをみせてはいない。葬式仏教の流れは、ようやく現代的な流動や変化のきざしをみせてきてはいるけれども、その大筋の流れは近世を貫き、明治の近代を生きのび、そして戦後七十年の日本列島の岸辺を洗いつづけているのである。

はたしてそうであるならば「鎌倉時代＝宗教改革」論は、このあと詳しくみていくようにすでに破綻しているのではないか。その息の根を止められているのではないかと思う。それというのも、われわれの眼前に横たわる現代日本の宗教状況と世俗化現象を、その内面的な心の風景とともに何ひとつ説明できてはいないからである。

「知恵第一の法然房」に依拠する「宗教改革」論は、やはり流産したというほかはないだろうとはいっても、むろんそれは、法然自身のあずかり知らぬことだった。そのことで、軸の時代を導出した法然の価値が減ずるわけでもない。軸の思想家たちを生みだした第一走者としての意味が失なわれるわけでもない。

ただ法然亡きあと、おそらく彼自身予想もできなかったようなことがつぎからつぎへとおこった。当然といえば当然のことであるが、その後の歴史の展開をみれば、この予想もできなかった変貌の意味を、ここではやはりそれとして指摘しておかなければならないと思う。

まず、親鸞が法然の門から消え去った。行方知れずになったといってもいいだろう。時をへて、遠い関東の常陸の地に親鸞は姿をあらわす。さらに時をへて、こんどは京都の片隅にうずくまっていた。流離の人間として静かに生きようとしていた。

道元は、どうだったのか。彼は日本国の仏法に絶望して、中国に渡った。正師をみつけ、その教えを受けて帰国し、やがて山中に籠った。深山の隠者の道を選んだといっていいだろう。

そして日蓮。彼は終生、権力による迫害の中にあったが、法然を批判し攻撃して止まなかった。彼の「悪口罵詈」すなわち批判精神は、とりわけ法然を名指してはげしく発火した。さながら砂漠に咆哮する予言者のごとき振舞いだった。

法然のあとに、流離の人・親鸞、深山に分け入って隠者になった道元、砂漠に立つ孤独な予言者へと変化した日蓮が出現し、それぞれの仕方で「軸の思想」を生みだす種をまいていたのである。

この国の「軸の時代」の物語も、ようやく終幕に近づいたようだ。それはみてきたように、何よりも親鸞、道元、日蓮のライフヒストリーを中心とする物語だった。

思い返せばこの物語を、私はヤスパースの「基軸時代」をキーワードに語り出したのだった。「時代」ということにこだわっていえば、この日本列島の「中世」を、ヤスパースのいう、紀元前の人類史的な「古代」に比定して考えようとしたのである。この国の「中世」思想の核心を西欧世界の「宗教改革」の時代に近づけて比較するのは、やはり無理だろうと思ったからである。日本の軸の思想は、西欧の近代社会を生みだす上で酵母の役割をはたした「個」のあり方とは、直接には結びつかないだろうと考えたのだ。

それにかわって、そのようなわが国の中世という舞台で登場してきたのが、「ひとり」の生き方だった。「ひとり」の思考であり、「ひとり」の哲学と称してもいいような生き方だった。その原型となるようなものを親鸞、道元、日蓮がそれぞれに具現していたのではないかと考えてみたのである。

ただこのような光景は、それではこのあと、われわれをどのようなところに導いてくれるだろうか。かれらの歩いた道を辿っていくとして、最後にどのような谷間や草原へとわれわれを運んでくれるのだろうか。

たったひとりの捨聖

さきに私はこれら「軸の思想家」たちの第一走者は、やはり法然だろうといった。「知恵第一の法然房」をおいてほかにはないだろうと書いた。

もしもそうだとすると、それではこの軸の時代をじっさいに生きた最後のランナーは誰だったのか。そのような問いが、どうしても最後に立ち上ってくる。

自然に浮かび上ってくる人物が、一遍である。一遍こそは、われわれの見えないところでいつも親鸞と並走するように歩いていたし、道元の分け入ったけわしい道に沿うように歩いていた。

日蓮が踏みしだいたいばらの道もまた一遍にとっても同じように行き悩む道だった。

一遍こそ、「知恵第一の法然房」が扉を開いた「軸の時代」を、最後の最後にそれをしぼりあげるような姿で生きた人間だったような気がしてならない。彼は、「軸の思想」の純粋な果実を後世に伝えるためにこそ生きた最終ランナーのような証人だったのではないか。

法然や親鸞は、当時の知の殿堂だった比叡山の学僧たちを相手に批判の声をあげた。が、やがてそのような知の論争の無効を悟って、山を降りる。道元は中国に去り、日蓮は辻に立って説法をはじめ、民衆のあいだに入っていった。

親鸞は『教行信証』という理屈の体系を宙に抛り投げ、道元は『正法眼蔵』を地に捨て、日蓮は『立正安国論』の世界から抜けでていった。あとにのこされたのが念仏であり、坐禅であり、題目だった。それが、最後に選択された唯一の言葉となった。それらの言葉は、瞬時にして詩となってほとばしり、歌となって宇宙にこだました。

しかしよくよく考えれば、そもそも人生のはじめから、そのような歌の世界、詩の宇宙をめざしていたのが一遍だったことに気づく。彼は天に向かって歌うように念仏を唱え、地に向かって念仏の声をあげて、その中に生きようとした。

気がついたとき、彼はあらゆるものを捨てていた。頭の中につめこまれていたもの、からだの中に染みついていたものを捨てはじめていた。法然や親鸞が葛藤し、格闘していたものを、惜し気もなく捨てていた。

捨てることから再出発しようとしたのではない。そもそも捨てることから出発していた。捨てることで、人間の中に、社会の中に入っていこうとしていたのだ。捨聖《すてひじり》になっていたのである。人がそう呼び、みずからもそのように思っていたのだろう。たったひとりの捨聖、である。師という形も消え、弟子という姿も消えていた。のこっているのが念仏のみ、というありさまだった。

となふれば仏もわれもなかりけり
南無阿弥陀仏なむあみだ仏

捨聖のひとりが念仏の声の中に吸いこまれていく。吸いこまれていって、形も姿も匂いも一切のこさない。すでに仏の気配すら消えている。「なむあみだ仏」の声がきこえているだけだ。無防備「個」という言葉が入りこむすきは、どこにも見出すことができなかったといっていい。無防備の「ひとり」といえばいえないこともない。

一遍（一二三九〜一二八九）の五十年の人生は、ほぼ日蓮（一二二二〜一二八二）の六十年の生涯と重なっていた。「軸の時代」の最終コースを、日蓮とともに並走していたことになるだろう。

それは文字通り旅から旅の人生だった。ほとんど日本列島全土を歩きつづけている。みずから念仏を唱え、それを民衆に伝え、出会う一人ひとりに念仏札をくばりつづけて倦むことがなかった。その札を手にするだけで誰でも成仏する、そう説いて歩きつづけたのだった。

一遍のあとについて旅する人々が増えていった。一遍を囲む男女の集団が念仏を歌うように唱え、法悦歓喜の中で踊り歩くようになる。歌う念仏集団が踊る念仏集団へと、その輪をひろげていった。

知恵第一の法然も懺悔の親鸞も、もうそこには影をおとさない。禁欲の道元も過激な議論好きの日蓮も、もうそこにはいない。

あたかも軸の時代の終幕を飾るのにもっともふさわしい、奇蹟のような人間があらわれたのだ。一遍は伊予（愛媛県）の豪族・河野家に生まれた。十歳で出家し、九州に赴いて、法然の弟子のもとで修行をはじめた。

その遊行遍歴の旅は、さきにもふれたように日本全土に及んだ。強固な意志とバネのような足腰がそれを可能にしたのだ。奥州は白河関をこえ、信州、鎌倉、京都へと足をのばし、大坂から高野山や熊野へ、さらに広島の宮島、九州の大宰府、そして鹿児島へ……。

捨聖の生涯を支える、凹凸のある象徴的な身体地図だったといっていい。その空間的時間的な広がりは、親鸞や道元、日蓮のそれをはるかに超えるものだった。一遍における一所不住の生涯は、おそらく想像を絶するような過酷な試練だったにちがいない。

それが捨聖という人間類型を生んだのだろう。そしてその祖型を探し求めていけば、ヤスパースのいう基軸時代の古代的な風景にたどりつくことができるかもしれない。

空也上人

いま私は、京都の下京区というところに住んでいる。鉾町の一つ、芦刈山町《あしかりやまちょう》であるが、祇園祭に出す曳山には、鉾は立てない。芦刈山は謡の「芦刈」に由来し、谷崎潤一郎には小説『蘆刈』がある。

このあいだの山鉾巡行の七月十七日はあいにくの台風で、大雨のなかで決行された。私はこの地に十五年ほど住みついているが、そんなことははじめてだった。

そんな地の利に恵まれていることもあって、毎日のように散歩に出る。このごろはあまりの炎暑つづきのため、怖れをなして早朝に起きて歩くようになった。

祭も過ぎた八月八日、朝五時に家を出た。陽はすでに昇り、路には明かりが差している。西洞院通から四条通に出て東に折れる。しばらく行って室町通で曲がり北へ歩いていく。目指すは御所、「京都御苑」である。

南北に走る室町通は足利義満が室町殿を開いたところで「花の御所」といわれた。かつての都のメインストリートだ。その伝統は今日の祇園祭にもうけつがれ、祭の中心街区の一つになっている。

平安末から商業活動が盛んで酒屋、土倉が立ち並んでいた。応仁の乱で一時的に荒廃したが、それをしのいでいち早く立ち直り、江戸時代になって繊維を商う町として栄えた。早朝の室町通にはほとんど人気がなかった。当方は甚平姿で、下駄をはいている。ずんずん歩いていく。日中の炎暑がうそのようだ。小路から不意に、キャリーを引くお婆さんがあらわれた。腰を折り曲げ、わき目もふらずに、ゆっくり歩いてくる。

古い家並みがつづく。黒光りのする大きな門構えの商家があらわれる。その古風な流れを断ち切るように、豪壮なマンションや会社の建物が割りこんでいる。銀行の支店もある。私の住む下京区の景観とはまるで違う。

角地に、三井越後屋本店の屋敷跡がのこされていた。門構えの向うに枝ぶりの立派な松の緑がみえる。右手には、日本キリスト教団の室町教会が姿をあらわす。やがて、平安女学院大学の赤レンガの前に出た。そこを東に折れると聖公会の聖アグネス教会、その前を通ると、正面に京都御苑の森がもう眼前に迫っていた。

時計をみると、五時五十分を指している。わが家を出てから小一時間ほど歩いたことになる。御所の森は、しーんと静まり返っていた。ときどきタクシーが猛スピードで走り抜けていく。風がそよとも動かない。私はあっけにとられ、御所の門をくぐった。あてがはずれた気分だった。早朝に御所までやってきたのは、その森を覆いつくす嵐のような蟬しぐれのなかに、わが身をおいてみたかったからだが、それが裏切られたような気分だった。

仕方なく御苑に入り、ぶらぶら歩いていた。一人、二人と散歩を楽しむ人に出会う。ふと、晴れ上った空を見上げた。そのとき、にわかに蟬の声がいっせいに、わきあがるようにきこえてきたのである。

一瞬、わが耳を疑い、時計をみるとちょうど六時を廻りかけていた。ああ、と思った。御所の森の蟬たちのお目覚めは、朝の六時だったのか……。

わが住家からすぐのところに「膏薬辻子《こうやくのずし》」と称する小路がある。その東側に、国の重要文化財に指定されている杉本家の広い屋敷がつづいている。細かな石畳の美しい小路であるが、そこはいつも私が通る散歩コースである。

その杉本家の西側路地が、さきほど書いた「膏薬辻子」として史跡に指定されている小路なのである。この路地をはさむ両側の地域は、明治二年に新釜座町《しんかまんざちょう》と命名されるまでは、「膏薬辻子」と呼ばれていた。さらにさかのぼって平安時代には、大納言藤原公任の邸宅である四条宮のあったところという。さらにいうとこの地は、踊念仏で知られる空也上人（九〇三〜九七二）ゆかりの場所でもあった。上人は、のちに西光寺（現・六波羅蜜寺）を創建しているが、天慶元年（九三八）にこの地に道場を設け、新しい念仏修行をはじめている。その翌年になって東国の平将門が反乱をおこし、やがて捕えられて処刑された。その首を祀る首塚が全国につくられるようになったが、伝承によると、空也上人もまたその念仏道場の一角に塚（現・神田明神）をつくり平将門を供養したのだという。それでその場所が空也供養の道場と呼ばれるようになり、空也が訛って「膏薬」と呼ばれ、さらに細い道を意味する「辻子《ずし》」とくっつけて路地の名「膏薬辻子」ができ上った、というわけである。

私の日常の暮らしの中に、空也上人がいつのまにか出入りするようになっていたのである。やがてこの路地を歩くうちに、上人の息遣いまでがきこえてくるようになった。

空也上人も、その小路を出て都のメインストリートの室町通を上り、御所までの念仏行脚に出かけていたこともあったであろう。そこからさらに足をのばして、かつて修行したことのある比叡山までとぼとぼ歩いていくこともあったにちがいない。だから「膏薬辻子」の周辺には念仏を唱えながら歩いていく空也上人の影が、いつも漂っていたのである。

空也といえば、昔、私には不思議な出会いがあった。もう半世紀も以前のことになる。定職もなく、家族をかかえて貧乏暮らしをしていた。東京の東久留米に住んでいたが、真夏の暑い日だった。夕方になって、散歩に出た。歩くコースはいつも決まっていたが、街並みを離れて田圃道に入る。陽は落ちはじめていたが、地面の熱気が下駄の底からはい上ってくるようだった。

何気なく道端に目を向けると、草むらに犬の死体がごろんと転がっていた。数匹の蠅がそのあたりをぶんぶん飛んでいる。私はそのまま通りすぎた。

しばらく経ってから、また散歩に出た。前のことはすっかり忘れていたが、同じ場所にその犬がそのままの姿で横たわっていた。すでに腐敗が進行し、からだ中うじ虫がはいまわっているのが見えた。私は顔を背けて通りすぎた。

季節はすでに秋になっていた。久しぶりに同じ場所に立ったとき、沈静の気が立ちのぼっていることに気がついた。犬の胸や腹が平らになって、蝿もうじ虫もすっかり姿を消していたのである。

冬になった。夜に雪が降り、翌朝になって陽が昇った。私は気がせくままに、その場所をめざして歩いていた。それをみつけたとき、雪の中に半ば埋もれている犬のからだを一面の白い毛が覆い、それがつややかに輝いていた。見るからに暖かそうな白毛の光沢が、私の目を奪ったのである。不思議な出会いだった。そばに寄り、それを手にとって自分のからだに羽織れば、そのまわが身を守る皮衣になる。自然にそう思ったのだ。

私はそのとき、京都市内の六波羅蜜寺に伝えられている空也上人像を思い浮べていたのである。鎌倉初頭の仏師、康勝がつくった有名な像だ。

空也は平安時代の中ごろ、比叡山で修行した僧だった。やがて山を下り、念仏を唱えて諸国を行脚した聖《ひじり》である。あの法然が誕生する百五十年以上も前の人だ。念仏の聖という点では、法然の大先輩格にあたる。

橋をかけ井戸を掘り、ときに死者の遺体を葬って供養するのが仕事だった。民間を歩く市聖《いちのひじり》、人びとの魂を看取る阿弥陀聖、として尊ばれたのである。

康勝の上人像は、そのような空也の人間性を写実的に再現している。口から突き出た細い針金で、六体の阿弥陀仏をつないでいる。いつも念仏を唱えながら歩いている姿を模したのだろう。胸から腰、腰から脚にかけての筋肉がカモシカのような俊敏な動きをみせている。

左手に鹿の角をつけた杖をもち、右手に撞木《しゅもく》、首から鉦を吊るしている。その上、上人が腰にまとっているのが鹿の皮で、その色が空也の陽に焼けた赤銅色の肌に融けている。

風雪に耐えて生きた空也が、そこにいる。その遊行漂泊する聖のからだを、年輪をへた獣皮がやわらかく押し包んでいる。上人にとって獣皮への同化こそが、山川草木への同化の第一歩だったのだろう。空也が空也聖になる道程を、その同化への意志がそれとなくあらわしている。

そのときから半世紀もの時間をへだてて私は、京都の「膏薬辻子」でその空也上人とふたたびめぐり合うことになったのである。

過日、捨聖の一遍上人の呼び声に誘われて、愛媛の松山に遊んだ。このところ、松山の地には新しいご縁ができて、何度も足を運んでいる。

種田山頭火の一草庵にも行った。子規や漱石ゆかりの旧跡も訪ねた。司馬遼太郎の「坂の上の雲ミュージアム」にも創設のころからかかわった。松山に行けば道後温泉だが、黒川紀章が設計した、何とも温泉宿らしからぬ旅館にもよく泊る。

しかし歴史をさかのぼれば、やはり一遍上人だろう。一遍をのぞいて松山の芯を語ることはできない。松山の奥座敷にふれたことにならない、そう思っていた。

道後の街並みを抜けて歩いていくと、林の茂みの小高いところに宝厳寺《ほうごんじ》がある。一遍の誕生した寺と伝えられ、そこによく知られる一遍上人像が祀られてきた。その立ち姿が、さきにいった空也上人像とじつによく似ている。見方によってはまさに瓜二つで、空也が一遍のからだにそのまま乗り移ったといってもいい。

だが目を凝らすと、もちろん二つの像は微妙な違いをみせている。見つめるほどに、こんどはその違いが浮き立ってくる。像高約一一四センチ、上人の手になる作とも、弟で弟子になった仙阿上人作とも伝える。首の部分にのこされた銘から、室町中期（一四七五年）の作品であることがはっきりしている。

像は黒ずんだ墨染めの衣を着けている。鼻根に迫る鋭い両眼、太い眉、わずかに白い歯をみせる引き締った口元。それにこけた頬、岩盤のようなあご、張り出した広い額……。強靭な顔だ。空也上人像の、法悦のまなざしを宙にむけた、恍惚の表情とはまるで違う。平安時代の浄土憧憬と、室町乱世の浄土希求の差か……。（注記――その後、二〇一三年に本堂、庫裏が全焼した。上人像は二〇一五年になってブロンズ像で復元されたが、筆者はまだそれを見ていない）。

いっしょにいても「ひとり」

そうはいうものの、腰から脚部へと鍛え抜かれた肉体の線は、空也像のカモシカのようにしなやかなからだの動きと、そっくりそのままだ。とりわけ法衣の裾からぬっと突き出た両脚の、筋肉が盛りあがる骨っぽい生々しさは、大地を踏みしめる鋼のような両足先の太い十本の指としっかりつながっている。

一遍の両手をみよう。静かに合掌している。のどの肉がわずかに波打ち、今にも念仏の声がきこえてくるようだ。像を横からうかがうと、大きな頭部がわずかに前方に傾げている。両手には、何ももっていない。空也像のように鹿杖をもたず撞木ももたない。首から鉦をぶら下げてもいない。わらじをはかず、そのまま大地に地つづきの裸足だ。そういえば、手首に数珠もかけていない。

そこが空也像とは決定的に異る。捨聖の真骨頂が、像容の全体にみなぎっているというほかはない。捨てて、捨てて、捨てはてた聖の行き着いた最後の姿が、そこにある。人間はどこから来て、どこに行くのか、そのような根元的な問いに答える人間の基準のようなものを、その姿は彷彿させる。軸の思想といえばいえる、その起源の姿までが、ふと想起される。

一遍上人の歌
身を捨つる人はまことに捨つるかは
捨てぬ人こそ捨つるなりけれ
西行法師の歌
世を捨つる人はまことに捨つるかは

捨てぬ人をぞ捨つるとはいふ

本歌取りの伝統も、ここまでくればただ首を下げて、声を呑むほかはない。ここで、西行の「世を捨つる」と一遍の「身を捨つる」のあいだには、おそらく巨大な空間と時間が広がっているようにもみえる。この世を捨てるのが遁世者であるとすれば、わが身を捨てる道のなかからは捨聖が誕生する。

そのわが身を捨てる生き方を、一遍は「孤独独一」(『一遍上人語録』)と称している。弟子たちには、常日ごろつぎのようにいっていたという。

「生ぜしもひとりなり、死するもひとりなり。されば人と共に住するもひとりなり、そひはつべき人なき故なり」

人間は生まれたのも一人、死ぬのも一人。人といっしょに住んでいても実は一人なのだ、最後までいっしょにいてくれる人はいないからだ。

もう一首、

おのづから相《あい》あふ時もわかれても
ひとりはいつもひとりなりけり

屋上屋を架す理屈は、もう要らないだろう。一遍の言葉をくり返すことすらもはや空しい。「ひとりはいつもひとりなりけり」で、すべては尽きている。

このような一遍上人のひとりの生き方にぞっこん惚れこみ、あこがれ、その足跡を追って歩きつづけた一人の人間がいた。最後に、その「妙好人《みょうこうにん》」のような人物にふれておくことにしよう。妙好人とは民間に生きた篤心の信者をいう。浄土真宗の伝統のなかにあらわれたが、その篤信の生活者ぶりを詳細に研究し、世に広く紹介したのが鈴木大拙だった。その現代における篤信の人の名が、足助威男《あすけたけお》。

今日、この名を聞いて知っていると答える人はほとんどいないだろう。だがこの人物は、一遍上人の生涯随従者、といってもいいような生き方をした人間だった。足助威男氏はすでにこの世を去っているが、その貴重な人物の遺風にたまたまふれることができたのが、私の愛媛通い・松山詣での旅のなかにおいてであった。

知人の案内で松山市内の小さな喫茶店に入ったのが、夕刻だった。瓦をいただいた、しもた屋風の二階屋、その一階の入口に赤い暖簾がかかっていた。見上げると「茶房　ひょん」と柔らかな文字がみえた。驚いたことに扉を開けて入ったとたん、店内の壁一面にまことに小さなホトケたちカミたちの陶器がところせましと並び、積みあげられていた。そのほとんどが両手を合せたり重ねたり、掌を開いたり閉じたりしている。いまにも歌いだしそうな、踊りはじめそうな気配だ。ほとんどが微笑を浮かべていたが、なかには眉根を吊りあげ、口をすぼめて怒りの息を吹きかけてくるのもいる。どれもこれも掌の上にのりそうだ。それで掌上仏という。その作者が、足助威男だったのである。

店内をとりしきる女主人が大屋千鶴子さんで、足助威男の大ファン、掌上仏の尋常ならざるコレクターだった。

足助威男は、大正九年(一九二〇)に東京の小石川に生れ育っている。二・二六事件から太平洋戦争にいたる時代に多感の青春を過した。父は広辞林の著述や大村益次郎の研究で知られる漢学者で、島村抱月や金田一京助がぶらりとやってきたという。父からは子どものころから「道元がわかるか」といわれていた。日本とは何か、日本人とは何か、と問いかけられていた。当時の煩悶する青年の一人として成長していったのだろう。のちに一遍に心酔するようになる素地がそこで鍛えられたのかもしれない。

氏は、昭和六十年に出版した『掌上仏―足助威男作陶集』(写真集)の冒頭で、

「私は幼い頃から人形が好きでありました」

と書いている。そのことにふれた文章が読んでいて心にしみる。――東京にあった自宅の奥座敷には、天井にとどくほどの雛段が飾られていた。三人の姉たちがいたが、年が離れていたため、いつもひとりでお雛さまに見入っていた。だから、ままごとの思い出はない。女の子とも遊ばなかった。人形に魅入られるようになったから女の子と遊ばなかったのか、その逆か、そのへんのところはよくわからない。

小学校に入る前、東京の真言宗豊山派大本山、護国寺の附属幼稚園に入っていた。そのときアメリカから人形使節がやってきて、人形を抱いた園長先生の管長と、園児一同で写真をとったが、それがずい分後まで家にあった……。

一人暮らしがつづいたせいか、いつも人形、人形できたが、年をとるにつれて興味が雛人形から仏さまに移っていった。そしていつのまにか、一遍上人の足跡を追って研究することを生涯の仕事にしようと思うようになる。たまたま上人も立ち寄ったという江の島に行ったときだった。「裸の弁天様」をはじめて拝んで、これにすっかり参ってしまう。それからは一遍上人の童像をつくりはじめ、陶磁の神や仏たちを焼くようになった。江戸時代には掌にのせて観賞する小石を「掌上石」といっていた。ならば、掌の上にのせて拝む仏を「掌上仏」と名づけてもいいだろう、と考えた。

手のひらにかざってみるや市の雛　一茶

彼が、一遍のつぎに好きなのが一茶だったのだ。足助威男は拓殖大学を卒業後、中国に渡り農村に入っていた。戦後に帰国し、左翼運動に没頭した時期もあったが、やがて愛媛県の八幡浜学園の教師になる。けれども昭和四十五年（一九七〇）に退職し、道後の宝厳寺の近くに居を構える。退職金をつぎこんで、一遍上人の足跡を訪ね歩き、放浪の旅を楽しむようになる。五十歳になっていた。

死するも独りなり

あるとき道後の「一遍堂」の主人・故新田兼市氏に「焼物をしてみないか」とすすめられ、砥部の土をこねて作りはじめ、その面白さにとりつかれるようになった。そのかたわらつづけられていた一遍研究も、しだいに世に認められるようになっていく。同じ一遍の研究家でもあった角川書店の創業者、角川源義との出会いが足助の背中を押した。捨聖・一遍と同じ孤独な旅をつづける足助威男の生き方に、おそらく新鮮な息吹きを見出したのであろう。昭和四十七年六月、『捨聖一遍さん――一遍入門――』が角川書店から出版された。採算度外視の刊行だったのではないか。

まるで歌集のような本、選り抜かれた言葉を集めたような詩集、ユニークな挿絵をはさんだ絵本のような書物だった。角川源義の眼識が、ひょうひょうと旅に生きる足助威男のなかに現代における一遍の生れ変りを見出していたのかもしれない。その足助威男が、生きるための道標としたのが、さきにもふれた『一遍上人語録』に出てくるつぎの一節だった。

「万事にいろはず、一切を捨離して、孤独独一なるを、死するとはいふなり。生ぜしもひとりなり、死するもひとりなり」

これを解釈して、

「一遍さんは自分というものがなくなって、念仏ひとつになった時点を往生と考え、成仏としたのです」

と書き、それにつづけて、一遍の前に一遍なく、一遍の後に一遍なしという。捨聖である一遍は、自分の教えを死後、後の世まで残したいという希望すらも全く持っていなかったであろうといって、その印象深い文章をしめくくっている。

一遍の生《なま》の声が、この足助威男の言葉を通してその息遣いとともにきこえてくるようだ。天地が分れたとき、生命がはじめてこの世に誕生したときの、一遍の叫びのようにも思える。生と死をめぐる無限の時間と空間がその不思議な声の響きを運んでくれるようだ。宇宙創造のときの無心の声、といってもいい。

善や悪、自由や正義、そういったもののはるかかなたに沈黙している始原の原風景である。関係の中に芽生える平和の光景ではない。カオスもしくは無といってもいいような存在としての平和の光景である。それこそまさに、捨聖が回帰しようとしている原風景なのかもしれない。

くり返していえば、この捨聖の人間類型は、ゆっくり首をめぐらせば平安時代の空也上人にも西行法師の世界にも通じている。つぎの江戸時代の芭蕉翁や良寛和尚の人生とも水脈を通わせている。私の眼には、そう映る。

一遍はいわば、そのような時代に吹いていた「軸の思想」の空気を胸いっぱいに吸いこみながら生きていた。この時代の軸の思想家たちの余光を全身に浴び、そのエッセンスを胸一杯に吸いこんで生きようとしていたのではないだろうか。

まるで能の舞台を見ているようだ。笛と鼓が鳴り、橋掛りの垂れ幕が上る。仮面をかぶった能役者が姿をあらわす。「軸の時代」の芝居がこうしてはじまった。前ジテは、いうまでもなく「知恵第一の法然房」。古代の闇を知の腕力で切り裂き、颯爽としたスリ足で登場してくる。その鮮やかな姿からは、あるいは後の世の近代を告げる「個」の身じろぎや気配が立ちのぼっているかもしれない。

だが、その一瞬の光景はいつのまにか眼前を通りすぎて消えていく。その像がしぼんでいく。するとそれにつづく舞台では、こんどは親鸞や道元、そして日蓮をめぐる物語がつぎからつぎへとつむぎだされる。事態は急転、そのまま乱調子を喚びおこして意外な展開をみせはじめる。近代的な「個」へと単純には還元しえない「ひとり」の後ジテがそれぞれ登場してきて、前ジテの仮面を脱ぎ捨て独自の舞いを舞いはじめるからだ。場内にはしばらくのあいだ沈黙の時が流れる。気がついて見上げると、すでに最後のシテが立ち上っている。ふたたび終幕を告げる笛の音が響き、鼓が鳴る。一遍が静かな背中をみせて、橋掛りを歩いて、しずかに退場していくのが遠目にみえる。やがてその捨聖の姿が、しだいに大写しになっていく……。

この最後の一遍の姿が舞台から消え去ったあと、その前方をうかがうと、一筋の孤独独一の

「ひとり」への道がはてしもなくつづいている光景がみえてくるだろう。それはおそらく「近代」にむかってつづいている道ではないはずだ。常識が教えてくれるような「中世」から「近代」へのなだらかな道、といったようなものでもないだろう。

あえていえば世界史的な「古代」ともいうべき深々とした領域への道を、それは指し示している。さらにいえば、あのカール・ヤスパースのいう、人類史的な原風景ともいうべき究極の賢者への道を、それは照らしだしているようにみえるからだ。後の世の人間存在の「基準」として彼が構想した、近代から古代へと逆走する「大哲学者」たちの道である。ユダヤの預言者たち、ソクラテス、そして仏陀や孔子たち、かれらの歩いた古典、古代の道、である。

終章　「ひとり」の哲学

それぞれの「ひとり」

まず法然が、ひとりで山（比叡山）を降りた。

そのあとに親鸞がつづく。わき目もふらずに、ひとりの旅だった。

道元の下山は、もっと素早い。わずか二年足らずで、脱兎の勢いで降りていった。

そして日蓮。山を降りながら、ひとり天にむかって獅子吼していただろう。

一遍は、はじめから裸身のままのひとりだった。生れながらの一所不住に生きた。

十三世紀の不思議な光景である。

比叡山が最澄によって開かれてから四百年が経っていた。このひと握りの人間たちを生みだすのに、四百年もの時間がかかっている。

いや、四百年の時間が必要だった、ということだろう。

かれらは山を降りて、いったい何をみつけたのか。ひとことで言えば――

法然と親鸞は、おそらく超越という価値をみつけたのだ。くだいて言えば、阿弥陀如来という名の超越的な存在、である。

道元は、これはもう無というほかはないだろう。この無の世界への突破の勢いは、世界のどの地域にもみることができない。

日蓮は、どうだったのか。かれが正面から対峙しようとしたのが、いうまでもなく国家だった。国家をかれはわしづかみにし、眼下に凝視しようとしたのだ。

超越と無と国家……。こう並べてみるだけで、それがこの日本列島を揺るがす軸の思想だったことがわかる。

それに先立つ世紀、それに後続する時代に、この十三世紀の緊張に匹敵するような軸の時代がどこにも存在しなかったことに気づく。

その十三世紀の軸の思想が、おそらく「ひとり」の存在を核とする人間観の誕生を準備し、その世界観の転換をうながした。中世の暗夜に光を放射する契機となったのだ。

十三世紀という時代は、死に差しむけられた人間の意識が急激な深まりをみせていく時代だった。末法《まっぽう》思想である。終末の危機意識といってもいい。

着古した衣裳が、一枚一枚剝ぎとられていく。その感覚が死にむけられた「ひとり」の意識を刺激し、その孤独な「ひとり」を支える「こころ」の探求へと向かわせていった。

もちろんこの国の伝承では、「ひとり」という単独者の水脈は、千変万化する「こころ」の旋律に守られて、千年の歴史を刻んでいた。

それが十三世紀の軸の時代を迎えて、劇的な転換期にさしかかっていた。すでに「ひとり」の存在は、「こころ」の探求と不可分の関係の中でとらえられていたのだ。

法然は、おのれの心を集中し、それをさきにふれたように「超越」にふりむけよ、といった。それが「一心に阿弥陀如来の名を唱えよ」という言明に行きつく。

親鸞はその法然の言葉を「信心すなわち一心なり」といいかえる。かれのいう信心が法然の場合と同様、超越の価値にむけられていたことはいうまでもない。法然と親鸞は師弟の関係をこえて、ほとんど一心同体だった。

道元はどうか。かれにも中国に唯一の師がいた。天童山の如浄《にょじょう》である。この師のもとで修行に打ちこんでいたとき、

身心脱落　脱落身心

の体験をしている。身と心が一つに融解して、無（脱落）の状態になっていることを自覚したのである。身心《しんじん》分離の感覚が蒸発して、ただ無が残った、ということだろう。

日蓮は、口に題目（南無妙法蓮華経）を唱え、心にそれを念じて、国家の安泰を実現しようとした。「観心本尊」といっているのは、そのことを指す。

もちろん日本列島における心の探求は、すでに十三世紀以前から最澄の「道心」（道を求める心）や空海の「十住心」（人間の心の位相には十段階がある）にはじまり、のちの世阿弥の「初心」にいたるまで、長い豊かな水脈があったことを無視するわけにはいかない。

寂寥のなかにいる孤独な「ひとり」の魂は、いつのまにかおのれの自我領域に異常な関心を示

しはじめる。心の内壁をみつめる精神態度がふくらんでいく。その勢いが、やがて超越へ、無へ、国家の相対化へと跳躍する。「ひとり」の存在が万象を映す「こころ」を共鳴盤にして、人生の展望を広げていくのである。それが法然や親鸞の「信ずる心」、道元の「脱落する心」、日蓮の「観る心」だった。心の内から満ちてくるものがなければ、「ひとり」はただ空に浮かぶうたかたのような、風船のごときものであるにすぎないだろう。

「こころ」と「心」

考えてみれば、日本語のなかで「こころ」という言葉ほど厄介なものはないといっていいだろう。

第一それは「ひとり」の場合と同様、まず英語にならない。ということはドイツ語にもフランス語にもならないということだ。一時的に、一面的に、それにあたる外部の言葉を探しだすことができないわけではない。

ハート、マインド、スピリット、ソウル……などなどだ。けれどもそのどれひとつとってもピッタリこない。「こころ」とストレートに意味内容を通わせる工合にはならない。

外国から来て日本の文化や政治、そして歴史や宗教を研究する専門家がいつも嘆きの声を挙げるのも無理がない。

つまり訳しようがないのだ。それで結局、それをココロイズムと訳すことにしている、という答えが返ってくる。片カナ語に移しかえて翻訳（翻案？）するほかはないわけだ。

どう考えたらいいのか。

「こころ」という言葉の来歴をふり返るとき、この「こころ」には大和ことばの「こころ」と漢語の「心」という二つの太い流れがあったことに気づく。その二つの太い流れが交錯するところに「こころ」と「心」をめぐる複雑な発達史が潜んでいるように思う。

まず「こころ」という大和ことばには、『古事記』以来というか『万葉集』以来の千年の歴史があるということからはじめないわけにはいかない。『源氏物語』『平家物語』をはじめ能や浄瑠璃などの語りの世界を見渡せばただちにそのことがわかる。

その使用範囲は森羅万象におよび、日常生活における喜怒哀楽のすべてをカヴァーしている。人事や社交の領域に鋭敏な感覚を行きわたらせていることに気づく。

この和語系の「こころ」の分布は、大和ことばのほとんどの領域を覆っている。そのすべての品詞のなかにとりこまれ、巧みに転用され、場合によってはそれとはわからないような形で潜入している。まるで忍びの者のように身を隠して、息をひそめている。

こころ（が）騒ぐ　こころ（が）苦しい　こころづく　こころはずむ　こころ躍る

こころ映え　こころ待ち　こころ狂い　こころ残り　こころ変り

徒《あだ》しごころ　夢見ごころ　ものごころ　逸るこころ
こころならずも　こころ静かに　こころ及ばず　こころから　こころゆくまで

挙げていけばきりもない。そのコトバの群は、ほとんど数珠つなぎになって、われわれの生活のあらゆる場面に登場してくる。マナーやモラルの万般に忍びこんで、活発に動き回っている。いってみれば和語の「こころ」はさきにもいったようにわれわれの意識にあらわれる喜怒哀楽のすべてを覆いつくしている。だから煩悩系と呼んでもいい。

それにたいして「心」の方は、これはいうまでもなく中国文明との接触によって生みだされた言葉だった。この漢字表現には、それまでの「こころ」とは別の価値観が植えこまれていたことに注目しなければならない。

それは主として中国への留学生（僧）によってもたらされたものだった。たとえばさきにもふれたが最澄のいう「道心」、空海の「十住心」、道元の「身心脱落」（禅の身心論）、そして日蓮の「観心本尊」などの言葉遣いをみればわかるだろう。

それがやがて世阿弥の「初心」を生み、のちに無心、道徳心、愛国心、公共心などの慣用語を世に送り出すことにつながった。

みてきたように前者の和語系の「こころ」は、いわば人間的な、あまりにも人間的な煩悩系の意識や表象と結びついて使われてきた。それにたいして後者の漢語系の「心」は、その煩悩系の衝動を緩和したりコントロールしたりする役目を担わされるようになったといっていい。

見方を変えれば和語の「こころ」は生活感のあふれる感ずる「こころ」、それにたいして漢語の「心」は観念世界を志向する信ずる「心」ということができるかもしれない。そしてまさにこの「こころ」と「心」が交錯し葛藤するなかで「ひとり」の存在が鋭く刺激され、しだいに固有の自我意識を拡大することにつながったのではないだろうか。

漱石と啄木

近代にいたって夏目漱石は「則天去私」といい、小林秀雄もまた「無私の精神」ということを強調して説くが、これらの「去私」や「無私」は、右の和語系と漢語系が交錯し葛藤するなかでつむぎ出された合成語のように、私の目には映る。面白いのは、漱石の「則天」が「超越」を志向し、小林の「無私」が奇しくも「無」に向き合おうとしていることだ。「ひとり」という存在の息遣いがきこえてくるのである。

今から百年前、その漱石が『こころ』という小説を書いて、日本人における生と死のあり方に一石を投じた。だがこの小説を『東京朝日新聞』に連載しているときは『心』というタイトルをつけていたことに、ここではとくに注意してほしい。

漱石はもしかすると、わが千年の歴史のなかに浮き沈みしてきた「こころ」と「心」のあいだを行きつ戻りつしながら、悩みつづけていたのかもしれない。その漱石の苦悩のあいだからすけてみえてくるのが「ひとり」で生きていくことの難しさであり、「ひとり」という存在から浮き上る寂しい孤独の姿である。

漱石が小説『こころ』を創業まもない岩波書店から自費出版したのが大正三年（一九一四）、同じこの年の十一月二十五日に、学習院輔仁会で「私の個人主義」と題して講演している。当時、彼は「自己本位」の説を唱えていたが、そこには自我の不安と我執に脅えるエゴイズムの問題が顔をのぞかせていた。英国留学によって、近代日本人の第二の天性となる「個人主義」がようやく誕生のときを迎えようとしていた。

漢語系の「心」とともに和語系の「こころ」の世界を生きる一人の作家が、外からやってきた西欧流の「個人」を手元に引き寄せ、何とかこれを調教しようとしている。

裏から眺めれば、それまでの「ひとり」の存在が自我と自己に引き裂かれようとしている姿とも映る。「ひとり」の冬の時代がやってきたといってもいいだろう。「ひとり」から「個人」へと時代の歯車が廻りはじめたのである。

同じころ石川啄木が東京朝日新聞社に就職し、漱石のかたわらで仕事をしていた。校正係に採用され、やがて「朝日歌壇」の選者に抜擢されている。啄木自身の歌はといえば、まさに自己分裂をくり返す「こころ」の湿原地帯を倦むことなく歌にしていた。そしてそれがそのまま「時代閉塞の現状」批判へとつづいていく。啄木における「個人」の誕生だった。

啄木といえば、まずは神童のイメージだろうか。ついで借金魔、ウソつき、そして高慢の雰囲気が立ちのぼる。

傷つきやすいガラスのような魂、ニヒリスティックな叙情歌人、という見立ても捨てがたい。それに時代の「閉塞」をするどく見抜いた眼力、貧困と差別のまなざしを跳ね返そうとする反時代の精神……。

昨今の若者たちの心を蝕む脱力の病いと共通するもの、そしてまた昨今の若者たちからはほとんど喪なわれてしまった反逆の牙、――その二つの素顔が、いまの時代からふり返ったときに浮かび上ってくる私の啄木イメージである。

啄木の歌をよんでいてあらためて驚くのは、人の心をよんだものが意外に多いということだ。人の心、自分の心、である。怒りにふるえる心であり、悲しみに打ちひしがれる心である。彼は一生のあいだ心に傷つき、心を前に七転八倒して身もだえしていた。心の安楽椅子にしなだれかかり、舌打ちしながら心に絶望していた。

まずは感傷的な心、みずみずしい自我の叫びをきいてみよう。

わがこころ
けふもひそかに泣かむとす
友みな己が道をあゆめり

不来方《こずかた》のお城の草に寝ころびて
空に吸はれし
十五の心

ついで、行方定めぬ心

あたらしき心もとめて
名も知らぬ
街など今日もさまよひて来ぬ

水晶の玉をよろこびもてあそぶ
わがこの心
何の心ぞ

そして、絶望的な心

いと暗き
穴に心を吸はれゆくごとく思ひて
つかれて眠る

死ね死ねと己を怒り
もだしたる
心の底の暗きむなしさ

自分の心に向き合い、その暗闇の底をのぞきこんでいる啄木は、もしかすると、同じように人の心を詠いつづけたかつての西行法師と、案外近いところにいる歌人だったのかもしれない。とはいってもその西行は、たとえばつぎのような啄木の歌をみて、はたして何と思うであろうか。

どんよりと
くもれる空を見てゐしに
人を殺したくなりにけるかな

こちらの方は、西行の世界というよりは、むしろ現代の青年たちの心の奥に巣くっている怖れの感覚とひびき合っているというべきだろう。たとえばつぎのような西行の歌とくらべてみれば、そのことがただちに歴然とする。

よし野山こずゑの花を
　見し日より
心は身にもそはずなりにき

あくがるるこころはさても
　やまざくら
ちりなむのちや身にかへるべき

吉野の桜をみているうちに、心はいつしかそちらの方に漂いでている。心の重さが脱け出たあとの不安な気持と法悦の感覚が入り交る。ため息ともつかず諧謔ともつかない表白のなかで、西行は遊んでいる。このような遊離する魂の感覚は、とげとげしく突出しはじめている啄木の「個人」の自我意識に宿ることはもはやない。

「時代閉塞の現状」を書いたときの啄木は弱冠二十五歳だった。それからわずか二年後にこの世を去るのであるが、そのころはもちろん「心の時代」などとしばしばもてはやされる今日のような時代ではなかった。「個人」の傷つきやすい心が、西行の時代の感覚からも引き離されて、ひとり歩きの孤独な旅をはじめようとしていたのである。

漱石や啄木の時代が、すでに「ひとり」の哲学を喪失していく危機にさらされていたことがわかるだろう。明治開国期の「個人」や「個人主義」が文明開化の波にのって精神の新しい衣裳となりつつあったということだ。

戦後の平等主義

その「個」や「個人」がふたたび勢いをとりもどすのが、第二の開国期ともいうべき、戦後の飢餓時代であり、焼跡時代の活気だった。敗戦で傷ついた日本人の心に共感と慰藉の種をまいたのが、アメリカから一挙に流入した文化と価値観だった。その米国流デモクラシーのなかでひときわ輝いていたのが、「個」の自立と「個性」の尊重という掛け声のもとに広まっていくイデオロギーだった。

思い返せば、戦後のわれわれは個、個の自立というコトバをよく口にしていた。個性、個性の尊重と異口同音に話題にしてきた。

だが、その結果、どういうことになったか。右をみても左をみても自己愛の個がまんえんし、孤独な個の暴走する姿が巷にあふれるようになっていた。

なぜ、そうなったのか。理由はいくらでも挙げられるだろう。だが第一に指摘すべきは、やはり横並び平等主義がわがもの顔に振舞いだすようになったからではないか。

それが戦後七十年以上もつづけばどういうことになるか。家族では親と子がオレ―オマエの対等の関係に還元され、学校においては教師と生徒がトモダチ関係に引きずられるようになった。会社ではどうなったかといえば、各部局の上司は部下たちにたいしてほとんど調停者の役割を期待されるようになっていた。

ヨコの人間関係だけを意識しつづけ、タテの教育軸、垂直の師弟軸を忘失したまま長い時間がすぎてしまったのである。それに代って水平軸の人間関係神話がいつのまにかできあがっていたということだ。

その神話を後生大事にしているうちに、人間関係そのものがガタガタになっていた。むろん事態はそれにとどまらなかった。横並び平等主義とともに浮上してきたのが、誰もかれもが身近な第三者と自分を比較する癖がついてしまったことだ。

比較をすれば、たちどころに違いが目につく。容貌、性格からはじまって社会的背景、財産のあるなしまで、平等でも公平でもない現実をつきつけられる。

比較地獄のはじまりだった。それが嫉妬地獄を招き寄せ、その自縄自縛のなかでいつしか敵意が芽生え、殺意へと育っていく。

気がついてみれば、われわれの周辺に、子殺し、親殺し、そして慢性的な自殺志願者の増大という事態を招いてしまっていたのではないか。

蓄積された敵意や殺意が外にむかって流れだすとき殺人をひきおこし、内攻するとき自殺願望を刺激する。外にも内にもむけることができないと、抑圧されたままネタミやシットを抱えて右往左往するほかはない。進むことも退くこともできないまま、ウツの状態へと引きずりこまれていく。

ふと、気がつく。そもそも横並び平等主義は、その比較のほこさきを野球のイチローや相撲の白鵬にむけることはまずない。それはいつも身近な閉鎖空間へと監視の目を光らせている。それがいつのまにか個の自立、個性の尊重という観念を空洞化させていった。人間関係の網の目をズタズタに引き裂いてしまったのである。

その個とか個性ということだが、考えてみればこれらのコトバが西欧からの輸入語であり翻訳語であったことに気づく。そもそもそれらのコトバは西欧の近代社会がつくりだした新しい理念だった。

それをいち早くとり入れたところに、さきに夏目漱石の場合でみたように、たしかに明治近代の英知の一端をかいまみることができるが、そのあとがいけなかった。

なぜならその西洋直輸入の理念を、日本の伝統的な「ひとり」の価値観と照らしあわせ、それこそ真剣に比較してみる作業をほとんど完全に怠ってしまったからだった。「個」にあたる大和ことばを探しあてようとする仕事である。そのことをまるで考えつかなかったことは、何とも情けない話だったというほかはない。

歴史をすこしでもふり返ってみればただちにわかることだが、わが国では「ひとり」という大和ことばが、まさに「個」にあたる固有の場所にちゃんと鎮座していた。それも『万葉集』の大昔からだった（たとえば柿本人麻呂）。それはこれまでにものべてきた通り、さらに中世の親鸞（『歎異抄』）をへて、近代の福沢諭吉（『学問のすゝめ』）にいたるまで、いわゆる「ひとり」の哲学の系譜として時間的、空間的な広がりをもっていたのである。

天変地異と「ひとり」

もうひとつ、ここでは「震災」との関連でこの問題を考えてみることにしよう。

周知のように平成二十七年（二〇一五）は戦後七十年の画期であったとともに、あの阪神・淡路大震災から数えて二十年目、そして東北の三陸地域を襲った3・11の地震津波災害と東京電力福島第一原発の事故から五年の節目を迎えようとしていた。そしてことし（平成二十八年）になって、突然のように熊本地震が発生し、その誰もが予想しなかった群発性（？）地震の脅威にさらされることになった。

阪神・淡路の大地震がおこったとき、私はたまたま京都西郊の八階の部屋で目覚めていた。おきあがるのとほとんど同時に書棚が倒れ、危うく身をかわして逃れた。それだけですんだのであるが、地の底からつきあげてくる不気味なものの力にふるえあがった。地下世界に地獄を想像した人びとの怖れの気持ちが、一直線に胸につきささったのである。

東北地方を中心とする巨大地震と大津波、追い打ちをかける福島第一原発の危機と今度の熊本地震に際会して、いまあらためて私が痛切に思いおこすのは鴨長明と日蓮である。

鴨長明は元暦《げんりやく》二年（一一八五）に発生した都の大地震の経験を『方丈記』に書き、日蓮は正嘉元年（一二五七）におこった鎌倉大地震の経験を背景にして『立正安国論』を書いた。

『方丈記』は、出世の道をはばまれた失意の隠者、長明が世の移りゆき、人間の栄枯盛衰のはかなさに無常を感じつつ綴った自伝随筆である。そこには地震の被害だけでなく、都を襲った大風に逃げまどい、飢饉に脅える人びとの惨状が克明に描きだされている。

これにたいして、『立正安国論』は、幕府のおひざもとの鎌倉で辻説法をはじめた日蓮が、政治の変革を求めて北条時頼に提出した思想書である。そしてここにもまた、大地震によって神社、仏閣が倒壊、焼亡し、暴風、大雨、洪水にほんろうされる人びとの悲惨な姿がえぐりだされている。

「東北」から「熊本」にわたる広大な地域に巨大な災害が山積している大変な時期に、八百年も昔の話をもちだしたのはほかでもない。この二人の生き方のなかに天変地異という名の災害にたいする二つの根本的な態度が見出されるように思うからだ。

この国に根づいていた「ひとり」で生きる姿といってもいい。すなわち一方の鴨長明の依拠する「天災」論と、それにたいして日蓮における究極の「人災」論をそこにみる思いがするからである。

周知のように『方丈記』の世界は一人住いの簡素な生活から成り立っている。吹けばとぶような草庵には、琴や琵琶をひき和歌を詠むための部屋と、読経や瞑想にふけるための部屋があるだけだった。

一切の家具、調度をとりはらい、わずかに芸道に励み、ときに仏道に心を寄せるだけのバラック住いであった。そしてそれだからこそ、この方丈の空間は彼にとっては人生のすべてであり、宇宙の中心だった。

それにくらべるとき、世間を騒がす時代の動きや人事の葛藤はすべて変化してやまない不確かなものと映っていた。ひとたび大地が震え雨水があふれでれば、手をこまねいてみているほかはなかった。

自然の脅威は「天災」以外の何物でもなかったのである。

これにたいして日蓮の場合はどうだったか。彼はさきにもふれたように鎌倉の街頭に出て辻説法をおこなっていた。ときの政府を容赦なく批判し、とりわけ法華経にたいする不信こそが、社会不安や自然災害をひきおこす重大な原因であると主張していたのである。

『立正安国論』はそのような日蓮の考えを問答体で展開した作品だった。そのためかれはやがて罪をえて、伊東に流される。

日蓮はこの著作で二つの危機について論じている。法華経をないがしろにすることによって生ずる危機である。

一つは国内に不安と混乱をひきおこす「内乱」の危機、もう一つが国家に侵入してくる「外敵」による危機である。

そして日本の国土を襲った地震、台風、洪水というあいつぐ災害の発生こそ、そのような内乱と外敵侵入による危機の二つの兆候を示すものだと警告を発したのである。かれが地震などの災害を「人災」とみなしていたことがわかるだろう。

鴨長明にとって自然の災害は必然であった。自然がひとたび怒りだせば人間はその前に首を垂れ、服従するほかなく、それに反逆するなど思いもよらぬことだった。

だがそれだからといって、すべてをあきらめて絶望の淵に沈んでいたのではない。なぜならかれは、吹けばとぶような庵に身を隠して風流に生きる、したたかな術を心得ていたからだ。

鴨長明はおそらく、自然に逆らわずに生きる最善の方法を知っていたのである。「ひとり」の哲学に殉ずる覚悟を身につけていたのだ。

それにくらべるとき日蓮の前に襲いかかった自然の災害は、むしろ回避しようと思えば、いつでもそうすることのできる一時的な試練と映っていた。

かれはまた、鴨長明のように国家や社会の危難にさいして無常の原理をもちだすことをしなかった。国家にたいするとき「無常」の原理が結局は無効であることを腹の底から知っていたからだ。

日蓮の危機感はむしろ戦闘的な心情に支えられていた。自然の脅威にたいしてはむしろ精神の純化の重要性を、当時としてはもっとも声を大にして主張した人間だったといっていいだろう。それがかれの「ひとり」の哲学の立場だった。

しかしながらその日蓮もやがて辺境の地に追いやられ、最後は身延の山中に籠って鴨長明と同じような庵の生活に自己を隔離するにいたったのは皮肉な運命であった。

その二人の過酷な運命を、今日の眼から批判するのはたやすい。むしろ学ぶべきは、かれらがそれぞれの天災―人災論を展開するにあたって、自己自身の生き方そのものと表裏一体をなす地平から論を立てようとしていることだろう。

かれらの中世における天災―人災論を、今日われわれの天災―人災論から根本的に分かつものこそ、まさにその一点にあるのではないか。

具体的に考えてみよう。

「想定外」の意味

東日本大震災のときもそうだったが、こんどの熊本地震にさいしても「想定外」という言葉が飛び交った。3・11のときは福島原発の事故のこともあって、この「想定外」という物言いが四方八方から槍玉にあげられた。無責任の弁解として批判されたのだ。

ところが同じことがこんどの熊本―大分地域の複雑な地震発生の脅威に直面したときにもおこった。「想定外」という言葉が多くの人々の口から噴出したからである。それほど事態は予想をこえて深刻だった。

もちろん、この世の中で、われわれの思いも及ばない「想定外」のことはいつでもおこる。それはごく普通の人間の日常感覚であるといっていいだろう。しかし、3・11の地震と津波そして原発事故がおこって、専門の科学者がその言葉を使ったとき、世間もメディアもそれを科学者の身勝手な言い訳とみなして批判した。責任のがれの自己弁護ではないかと疑ったのだ。もしも「想定外」の事故を予見することができなかったとすれば、それこそ科学技術の限界を意味するのではないか、と。

阪神・淡路大震災も、こんどの熊本―大分の地震も、専門家たちは地震の発生を予知できなかった。「想定外」の出来事だったのだ。それで地震学会はついに、3・11の経験を踏まえて、今日の段階では地震発生を予知することはできないと公表するにいたった。つまり地震については「想定外」のことがいつでも起こりうると認めたのである。

また熊本大分地震の前に、御嶽山が噴火して、これまた多くの犠牲者がでた。それも「想定外」のことだった。とすればこのようなジレンマに満ちた「想定外」をのりこえるために、われわれ人間は何ができるのか。どのような対策をとることができるのか。

端的にいってそれは、「想定される」激甚災害の発生確率や被害の規模を、数字やパーセントによって予想し公表することだった。地震や噴火を予知できないとすれば、それしか手はないわけである。そこでこんどは、この想定される確率や規模の数値が、大は小をかねるとばかり、いつのまにかうなぎ登りに大きくなっていった。「予知」のために投じられるコストと並び、「防災」と「減災」のために投じられるコストもいつしか巨大な額にふくれあがっていった。

いったい、どこでブレーキをかけるのか。どの時点で、バランスのとれた歯止めをかけるのか。そもそもそれを誰が判断するのか。

もちろん、われわれが防災、減災のために全力を尽くすべきことはいうまでもない。科学や技術の専門家、そしてわれわれ国民の一人ひとりがそのために努力し、知恵をしぼるべきことも論をまたない。

だが、そもそも想定外におこるであろう災害の可能性をゼロにすることなどできないのも誰の目にも明らかだ。いくら発生確率の数値を精密化しても、それは不可能である。そしてまさにここにこそ、「想定外」思考の決定的な限界があったといわなければならない。

「想定外」と「想定内」という二元的な考え方の不毛性といってもいいだろう。それに頼っているかぎり、われわれの不安と怖れの気持を真に沈静化することなどできるわけがない。ましていわんや、安心を手に入れることなどできないだろう。

どうしたらいいのか。解答はどう考えても一つしかみつからない、つまりこのわれわれの世界で発生することは、すべて「想定内」と受けとめるほかないということだ。

それこそが、この災害列島に生きつづけてきた日本人が身につけてきた覚悟であり、人生の知恵だったと思う。大自然との生きるか死ぬかのつき合いのなかで、「想定外」「想定内」という二項対立的な考え方が、いかに身勝手で脆弱なものであるかを骨身に徹して知っていたのだ。

そしてそのような覚悟と知恵を、それぞれの人生の試練のなかで身につけていたのがさきにふれた鴨長明と日蓮だった。かれらの「ひとり」で生き抜こうとする意思だったと思う。そしてその「ひとり」という存在の内側を満たしていたのが、かれらの「天災」論であり「人災」論だった。そこに、「想定内」「想定外」といった思考が露ほども宿っていなかったことに注目しなければならない。

ちなみに明治生まれの物理学者、寺田寅彦の言葉をこれにつけ加えておこう。かれもまたそのような「想定内」「想定外」の議論を排した文章をのこしているからだ。「天災と国防」を論じた文章がそれで、そのなかでつぎのようにいっている。

「良いことも悪いこともいつかは回ってやってくるのが自然の鉄則である。そのことを覚悟せよ」

また明治以来の日本の「近代化」を批判して、こうもいう。

「付け焼き刃の文明に陶酔した人間はもうすっかり天然の支配に成功したとのみ思い上がっ

た」

が、しかし今必要なことは、その「自然の鉄則」の前に首を垂れ、それとともに生きることを覚悟することだといっている。現代の科学者寺田寅彦もまた、八百年前に書かれた鴨長明の「天災」論とほとんど軌を一にする結論に到達していたことを、われわれは知るのである。

「死生観」の背景

かつてわれわれの社会には「備えあれば患《うれ》いなし」という言葉が生きていた。さらに「人事を尽くして天命を待つ」という信念も命脈を保っていた。

今日、われわれの国もたしかに四方から襲ってくる危機や災害にたいして万全の「備え」をほどこし、国民の総力をあげて「人事を尽くそう」としている。

けれども、それならばわれわれはそのことによってはたして「患いなし」の心を抱くことができているだろうか。「天命を待つ」の覚悟が定まっているのだろうか。

もしも安心、安全ということをいうのであれば、そろそろそのようなことにも思いをいたすべきときがきているのではないだろうか。そしてそのときはじめて、日本人の「死生観」がどのような歴史の風雪に耐え、今日まで生きのびることができたのか、あらためて噛みしめることができるのではないかと思う。

備えあれば患いなし

人事を尽くして天命を待つ

このようなわれわれの死生観は、想定外の事態にたいしてしばしばもちだされる「不条理」とか「偶然性」といった西欧産の思考法とは本質的に異なる来歴をもっていたことに注意しなければならない。

それにしても「死生観」とは、不思議な言葉ではないか。

よく考えてみると、そんないい方が中国語にはないことに気づく。「生死」といった表現が漢語文献に登場しないわけではないが、「死生観」となるとそれに対応するような言語表現はみられない。また、ヨーロッパのどこの言語においても見出すことができないのである。

死と生と二文字に分けて表現する例はいくらでもあるだろう。しかしそれを一体化して「死生」といったり「死生観」と表記したりするのは、この日本列島が演出した独自の思想だった。それを今、私は過去形で語ったが、しかしそのような意識は今日のわれわれの社会では失なわれはじめているように思われる。

「死生観」とは、文字通り死が生と背中合わせになっている消息をいい、ただごとでないことをいおうとしている。その上、死が生に先立って提示されているところも気になるところだ。

この日本人の死生観を忘却のかなたから蘇らせる上で、あの3・11の大災害はやはり大きな意味をもっていたと思う。われわれは突然、数知れない死者たちの前に引きずり出され、意識の底に押しこまれていた過去の記憶に直面させられることになったからだ。

あらためて思うのであるが、今われわれは「挽歌」の季節を迎えているのかもしれない。挽歌とは、もともと死者というよりも、死者の魂にむかって語りかける心の叫びであった。それが古代万葉人の作法であり、先祖たちの日常における暮らしのモラルだった。それを今日のわれわれの社会は「終活」といった軽薄な言葉で呼ぶようになってしまった。

それというのももはや死者の魂の行方にリアルな想像力をはたらかせることができなくなっているからなのだろう。遺体という死の現実を前にして、ただ呆然と立ちすくんでいるだけではないか。

もっとも人々は、死者を祀る仏壇の前で手を合わせ、遺影や遺骨、そして海辺に打ち上げられる流木などにも死者の気配を感じ、神経を集中する。ときに夢の中にそれを求め、一瞬の安らぎを覚える。雪や雨、そして目に見えない放射能の中にさえ死者の身じろぎを感じてもいる。

苦しみの一年が過ぎ、悲しみの一年がつみ重なっていくうちに、野をわたる風が死者の声を運んでくれる。山中の樹木のあいだに亡き人の姿が立ちのぼる。

陽に輝く海のかなたからも、なつかしい人の言葉がきこえてくる。われわれが発したはずの挽歌の声が、まるでブーメランのように死者の側から逆にとどけられる。それが心の癒しの循環をつくり出す。

人はひとりでこの世に生れ、ひとりで死んでいく。それが、先祖が今日まで守り抜いてきた死生観の根元的な作法だったということだ。死生観という不思議な言葉にひそむ核心的なモラルだった。和語で表現される「こころ」の宇宙を内側から満たす日本列島人の人間観だった。さらにいえば世界観だったといっていい。

しかしながらその「ひとり」で生き、そして死んでいく「こころ」の居場所が今やいたるところで揺らぎはじめている。「こころ」の居場所が揺れていれば、「ひとり」という存在の座標が定まるはずはないだろう。

やはり「こころ」の戦後史、といったことを考えなければならないときがきているのかもしれない。それについてはこれまでもすこしはふれてきたが、「こころ」という言葉の変遷史ともそれは重なっている。

まず記憶にのこるのが、いつごろからか「稲作」というかわりに「コメ作り」というようになってしまった。秋の実りを祝い楽しむかわりに、車をつくるようにコメをつくる時代がやってきたのである。

その風潮ときびすを接するように広がっていたのが、食べ放題、飲み放題の店の全国展開だった。食べすぎ食べのこしが日常茶飯のことになり、ついに日本は食品廃棄物発生量世界一の汚名をこうむるにいたる。

「腹八分」という大和ごころ、大和ことばが死語と化す時代がはじまっていた。消費の選択がはてしもなく広がり、使い捨てと部品交換の意識に苦しむ人間が、いろんな層に急激にふえていったのもそのころだった。

そういえば、いつごろからか「ツール」や「スキル」といった言葉が流行りだしていた。どんな道具をつかい、どのように技術をアップさせるか、要するに数値化されただけの目標を立ててあくせくする。それを追いかけるようにハウツーものの全盛期がやってきた。

あわてたわれわれの社会は、物の豊かさにたいする心の豊かさ、といったスローガンを口にするようになったが、時すでにおそし。あとからやってきた次世代の子どもたちは、それこそ物ごころがつきはじめたころから、その物と心がすでに分離してしまっていることを知らされることになった。

二冊のベストセラー

「こころ」の戦後における変遷史、ということになれば、忘れがたい思い出がある。ここではそのことにふれておこう。責任を他に転嫁することなく、まずはおのれの心の内をふり返ってみるためにもそれは欠かせない。

よくいわれることであるが、戦後の日本人のあいだでよく読まれた本に中根千枝氏の『タテ社会の人間関係——単一社会の理論』（一九六七年）と土居健郎氏の『「甘え」の構造』（一九七一年）

がある。ともにロングセラーの人気をえて、その話題は今日でも人々の口の端にのぼる。

もっともこの両書には、批判や誤解をふくめてさまざまな評価が下されてきた。広汎な関心を呼んだのだから当然のことだったが、新しい世紀を迎えるころになって若干の異変が生じた。

一方の『「甘え」の構造』が、ちょうど二〇〇〇年の境目のあたりから話題にならなくなったからだ。そのことに気がついた著者の土居氏が、二〇〇七年に刊行された増補版の書き下し論考(「甘え」今昔)のなかで、そのことにふれている。

要点を記すと、自分のいう「甘え」とはほんらい、日本人における特別に親しい二者関係を前提としている。つまり、相手あってこその「甘え」である。「相手」が自分にたいし好意をもっていることがわかっていて、それにふさわしく振舞うことが「甘える」ことだ。

ここで肝腎なのは相手の好意がわかっているという点である。この「わかっている」というのは体験して身に覚えがあるということであり、知的に認識されているということではない。身に覚えがあればこそ自然に甘えるのであり、したがってこの際「私は甘えます」と言葉にする必要は全くない。それればかりか「甘えている」という自覚すら伴わないことが多いだろう。

ところが著者は、このような二者のあいだの甘えの関係は、二〇〇〇年を越えるころから急速に失なわれてきたように思うという。

特別に親しい二者関係といえば、それは親子関係、夫婦関係、師弟関係、友人関係などであるが、それらの二者関係にとって重要な意味をもっていた「甘え」「甘えられる」の関係がまさに崩壊の危機に瀕している。

この「甘え」は一面で幼児心理に直結するが、だからといってとくに幼児的心理なのではなく、老若男女の別なく人間一般に共通する心理として理解されていた。ところがその理解が急速に失なわれて、今や「甘え」といえば一方的な「甘やかし」か、ひとりよがりの「甘ったれ」のことしか考えなくなったのだという。

私は最近、この土居氏の歎きともとれる反省の弁を読み直してみて、なるほどそうだったのかと思った。

そういえばこの世紀の転換点は、まさにインターネットによる情報社会が一挙に巨大化した時期にあたる。二者関係の「相手」つまり「他者」の手触りがたんなる記号的なもの、メカニカルなものへと急速にその相貌を変じつつあった時代に重なる。

土居氏がすでに感じとっていた「甘ったれ」や「甘やかし」の現象が当り前のことになっている。新しいネット社会が出現していたのである。それはいつしか「ひとり」で生きる土壌をつき崩し、二者関係を内面的に支えていた「こころ」の風景を変容させることにつながったのだろう。

そのように考えたとき、もう一つのロングセラー『タテ社会の人間関係』の方はどうだったのか。この中根千枝氏の書物は、日本社会の構造を分析して、その最大の特色がタテ軸を中心にすえる「単一性」という性格にある、ということを一貫して主張するものだった。

一昨年増刷されたのがすでに百二十三刷を数え、帯には一一〇万部突破と書かれていた。そして周囲を見渡してみれば、日本社会がいぜんとしてタテ割り、タテ系列の構造のなかで推移していることが、いたるところで目につく。

戦後の論壇をにぎやかに飾った二冊の名著の、このような盛衰のあとをみるとき、一方で土居氏のいう「甘え」にもとづく二者関係がもろくも崩れ去り、他方の「タテ社会」の構造だけが今日なお強靭な持続力をもちつづけている光景がみえてくる。

その落差のなかにこそ、「ひとり」の存在を真綿でしめつけるように窒息させる危機の深刻さをみてとることができるかもしれない。

「個」と「ひとり」

今日こうして、この国の人々の「個」もまたほとんど窒息寸前の状態にあるのではないか。私の目にはそう映る。

その「個」はそれぞれの流儀で「箱」の中に囲われている。核家族という「箱」、ネットカフェという「箱」、携帯やスマホという「箱」、皮肉なことに個室という「箱」。その箱、箱……の中で数え切れない個、個、個が息も絶え絶えになっている。そんな箱の中の個でも、はたして「個」といえるのか。

そろそろそんな「個」の世界から脱出して、こちら側にこないか、そんな窒息しそうな「個」

の壁を突き破って、もっと広々とした「ひとり」の空間に飛びだしてこないか、そんな思いをこめて、私はここまでこの文章を書いてきたのである。

その突破の手がかりをえるために、十三世紀の「軸の時代」を基準に「軸」の思想を呼びもどそうとしたのだった。

くり返していえば、軸の思想家たちはそれぞれ「個」として自立し、「ひとり」で生きていく確固たる基盤に立つことのできる人間たちだった。「個」として自立することと、「ひとり」で生きていく覚悟はけっして矛盾するものではなかった。ましていわんや対立するものではなかった。

その「個」としての自立と「ひとり」の覚悟のあいだにメスを入れ、その両者のあいだを意味もなく分断してきたのがわれわれの「近代」だった。その分析的な知性だった。

その近代的な知性によってとらえられた「個人」とはどういうものだったのか。たとえば日本語版の「個人」は英語版の「個」あるいは「個人」のそのままの引き写しであるから、どんな文脈でとらえられているのかわかりやすい。

けれどもその「個」や「個人」を日本語の「ひとり」と比較するとき、たちどころに両者のあいだに違いが浮き立つ。「個」や「個人」の語がこの国においても英語圏においても、「個人」と「個物」の二つの言葉に分解され、分割されていることにただちに気づくからだ。「ヒト」と「モノ」に分解され、分割されているということだ。そこが「ひとり」の世界とはまるで違う。

ところがこの「個」もしくは「個人」は英語の辞典類をみればindividualすなわちundivided（分解しえないもの）だ、とある。その「分解しえないもの」としての「個」が、言葉の発生源のところで、すでに「人」と「物」に分割されている。「ヒト」と「モノ」に分解されている。それは「ひとり」という言葉がみせる光景とは完全に異質なものだ。

そのためだろうか。われわれの周辺では、「人間」の居場所を示すのに人↓ヒト↓他者↓モノといった系列の表記で代用させる風がしだいにつよまっている。そしてそこからはロボットやクローンを組み立てたり分解したりする手つきが匂う。

その「ヒト」もしくは「他者」は、すでに「物」の一種として物理学的には分子、原子、素粒子、そしてクオークなどへと分解されてきたし、同時に生物学的には精子、卵子、遺伝子として分解されてきた。さらに、この目に見えない「個」的な「子」世代を技術的に操作して、「受精卵」あるいは試験管ベビーという新生命を誕生させることができるようになった。

ここでふたたびくり返していえば、夏目漱石の『吾輩は猫である』の「吾輩」は、けっしてたんなる「個」を指すのでも「個人」を表すものでもないだろう。やはり容易には分割したり解体したりすることのできない「ひとり」の側に立つ人間（いや、猫）のことをいっているからだ。

同じように西田幾多郎のいう「絶対矛盾的自己同一」の「自己」も、それこそ絶対に分割することのできない「ひとり」の居場所を指し示していることはいうまでもないのである。

ひとりで立つのは、けっして孤立したまま群集の中にまぎれこむことではない、無量の同胞の中で、その体熱に包まれて生きるのである。

ひとりで立つのは、太古から伝わるこの国の風土、その山河の中で、深く呼吸して生きるのである。

ひとりで立つのは、垂直に広がる天地の軸を背景に、その中心におのれの魂を刻みこんで生きるのである。

混沌の深みから秩序の世界を見渡し、ひるがえって秩序の高みから混沌の闇に突入する気概をもって生きるのである。

その終りのない「こころ」のたたかいの中から、「ひとり」の哲学はおのずから蘇ってくるはずである。

そのときはじめて、われわれ人間同士の本質的な関係が回復されるにちがいないと、私は思っているのである。

あとがきに代えて

早朝三時に、目覚める。

前夜、九時にはベッドインするから、そうなる。

老人早起き症、ということなのだろう。

頭の中はまだぼやっとして、混濁しているが、二、三十分もぐずぐずしていると、それも晴れ、起き上る。

顔を洗い、口中を濯ぎ、そのあと立ったまま茶を淹れる。

なみなみと注いだ茶碗をもって、仕事部屋に入る。あたり一面、乱雑に積まれた本や書類が散らばっている。

その真ん中あたりに、かき分けられたようなわずかな空間ができ、机が置かれている。

その前に、坐る。

暗闇の中で、もう三十年は使っている古香炉に一本の線香を立て、火を付ける。

薄い坐布団を四つ折にして尻にあて、両脚をゆったりあぐらに組む。

背筋をのばす、息を吸う、そして吐く。瞬時、息を止める。また、息を吸う。

そのくり返しで、雑念妄想が舞い上る。雑念妄想と遊び戯れる。

小一時間ほどで、線香の火が消える。からだの緊張が解けていく。

香炉を片づけて、仕事にむかう。

仕事とはいっても、書くことをおいてほかには何もない。原稿用紙を取り出し、脳に血流を送って、書く。

いくら手を動かしても、脳のはたらきが一歩も前に進まなくなるときがくる。

しばしばそれが、悪魔の訪れのようにやってくる。

それでも書く、書く、書きに書いて、脳を叱咤する。

そのくり返しの中で、二時間、三時間が過ぎている。この世からあの世に逝ってきた気分だ。

そんな宇宙遊泳のような旅の中でも、茶は飲みつづける。喉がカラカラに渇いてくるからだ。

甘露とまではいかない。それでも、たまに血流がしぶきをあげるときがくる。

夜の膜が破れ、障子を通して明りがさしてくる。

筆を放り投げて、立つ。

下駄をつっかけ、戸口の扉を開ける。エレベーターで一気に降りる。

歩きはじめる。四、五十分ほど、速足で歩く。

ゆっくり歩く。わき目もふらずに歩く。

雨の日も歩く。雪が降っても、とにかく外に出る。

道元が死んだところという石碑にぶつかる。

親鸞が逝ったという石碑にも出会う。

蕪村もあらわれる、宣長も顔を出す。

歴史の中を歩いている。

ふたたびマンションにもどり、またエレベーターで一気に上る。

朝の簡単な食事がはじまる。

ゆっくり食べる。歯が弱っている、入れ歯もある、さし歯もある。それで早食いができない。

噛む、噛む、噛む……。

とにかく噛む。

終れば、午前中は、新聞を読むことに熱中する。ななめ読み、とびとび読み、いつのまにか居眠りに入っている。

玄関のチャイムや電話の音で起こされる。

あとは妄想のような、幻想のような時間がゆったり流れていく。

パンかそばで昼が終れば、ひとさまにお目にかかる午後がやってくる。午睡のあと、近くのホテルや喫茶店に行って会う。遊びの話、仕事の話、……。

ひとりから解放される時間だ。

ふたたび、もとのひとりの至福の時間に立ちもどるための時間でもある。
出会いと別れの時間、といえばいえる。
一日のうち、いちばんの心躍る時間、である。
陽が落ち、夜が降りてくる。
暗くなれば、酒が欠かせない。チビリチビリ、飲む。ゆっくり、ひたすら飲む。
ほとんど中毒である。アルコール依存症なのだろう。
ただ、量はいかない。せいぜい一合から二合……。それを、チビリチビリやる。
噛んで噛んで食べながら、チビリチビリ飲む。
夜九時を過ぎるころになれば、ひとり酒も終焉を迎える。
深沈とした夜の闇が、からだの中に溶けこんでくる。
さあ、これから死ぬか、
と掛け声をかけ、そのままベッドにころがりこむ。

平成二十八年九月六日

著者

本書は『新潮45』二〇一四年八月号～二〇一五年十二月号に連載された「日本人よ、ひとり往く生と死を怖れることなかれ」を改題し大幅に加筆修正した。

新潮選書

「ひとり」の哲《てつ》学《がく》

著　者………………山折哲《やまおりてつ》雄《お》

発　行………………2016年10月25日
11　刷………………2019年５月20日

発行者………………佐藤隆信
発行所………………株式会社新潮社
〒162-8711 東京都新宿区矢来町71
電話　編集部 03-3266-5411
　　　読者係 03-3266-5111
http://www.shinchosha.co.jp
印刷所………………大日本印刷株式会社
製本所………………株式会社大進堂

乱丁・落丁本は、ご面倒ですが小社読者係宛お送り下さい。送料小社負担にてお取替えいたします。
価格はカバーに表示してあります。

ISBN978-4-10-603793-1 C0395